Matt Galan Abend

Das Doppel-Ich

Eine authentische Lebensgeschichte, die den dauernden Machtkampf der beiden Ebenen des Menschen aus begrenzter, körperlicher Materie und unbegrenztem Geist dokumentiert

vianova
Verlag Via Nova

Matt Galan Abend

Das Doppel-Ich

Eine authentische Lebensgeschichte, die den dauernden Machtkampf der beiden Ebenen des Menschen aus begrenzter, körperlicher Materie und unbegrenztem Geist dokumentiert

vianova
Verlag Via Nova

1. Auflage 2006
Verlag Via Nova, Alte Landstraße 12, 36100 Petersberg
Telefon: (06 61) 6 2973
Fax: (06 61) 9 67 95 60
E-Mail: info@verlag-vianova.de
Internet:
www.verlag-vianova.de

Umschlaggestaltung: Klaus Holitzka, 64756 Mossautal
Satz: typo-service kliem, 97647 Neustädtles
Druck und Verarbeitung: Rindt-Druck, 36039 Fulda

ISBN-10: 3-86616-029-1
ISBN-13: 978-3-86616-029-3

Inhalt

Über mich selbst

Ich habe keinen Namen, unter dem ich mich Ihnen vorstellen könnte, auch keine Telefon- oder Handynummer, ja, nicht einmal eine postalische Anschrift. Von einer Sozialversicherung, Altersvorsorge oder Lebensversicherung ganz zu schweigen. Ich bin weder männlich noch weiblich, weder alt noch jung, noch gehöre ich einer besonderen Menschenrasse oder Hautfarbe an. Von mir gibt es keinerlei Personalien, wie man dies auf der menschlichen Ebene wohl nennen würde, und trotzdem bin ich quicklebendig und mitten unter Ihnen. Zumindest in der Zeit, in der ich dies aufschreibe.

Ehrlicherweise muss ich allerdings sagen, dass ich lieber nicht unter Ihnen wäre und es mir dort gut gehen lassen würde, wo mein wahres Zuhause ist. Aber dann könnte ich Ihnen all das nicht nahe bringen, was ich Ihnen so dringend nahe bringen möchte, und dies ist mir ein großes Bedürfnis. Ja, ich empfinde sogar sehr deutlich, dass es meine Aufgabe ist, dies zu tun.

Meine Geschichte fängt damit an, dass ich aus dem wunderbaren Zustand der totalen Einheit und Harmonie mit allem – und natürlich auch mit Gott – aufgeweckt wurde und mich wieder einmal reisefertig zu machen hatte. Ich hatte genug Kraft gesammelt. Meine Ferien zu Hause waren zu Ende.

Dieses wunderbare, vollkommene und von Licht und Liebe erfüllte Zuhause wollte ich zwar ganz und gar nicht verlassen, gleichzeitig wusste ich aber auch, dass jeder Einwand meinerseits, dass jeder Versuch, diesen neuerlichen Aufenthalt auf der

Erde aufzuschieben oder vielleicht sogar ganz zu umgehen, erfolglos bleiben musste. Auch in der göttlichen Dimension herrschen feste Regeln.

Ich liebte diese Aufenthalte auf der Erde nicht sonderlich. Meine bisherigen waren allesamt recht mühsam für mich gewesen, und vor allem mochte ich die Enge der Materie nicht, in die ich dann zwangsläufig wieder eingeschlossen sein würde.

Zwar hatte mich jeder meiner Erdenaufenthalte ein Stück weitergebracht. Etwas anderes könnte ich wahrlich nicht behaupten. Ich hatte viel gelernt, hatte tiefe Eindrücke und Erfahrungen gesammelt, und trotzdem würde ich gern auf weitere derartige Erfahrungen verzichten und es mir hier zu Hause gut gehen lassen.

Dieser Wunsch ist allerdings nicht bei allen Seelen – als solche würden mich zumindest die christlich orientierten Menschen wohl bezeichnen – gleichermaßen vorhanden. Einige drängen sogar darauf, einen Erdenaufenthalt antreten zu dürfen. Es sind die noch etwas Unerfahrenen, die neugierig sind, die Schule Erde endlich aus eigener Anschauung kennen zu lernen, oder es sind solche, die darauf bedacht sind, die Fehler, die sie bei ihren ersten Aufenthalten gemacht haben, endlich wieder ausgleichen zu dürfen. Sie haben es eilig, und Eile ist immer ein Zeichen von Unerfahrenheit. Es gibt keine Zeit, wir können nichts versäumen.

Trotzdem habe ich ein gewisses Verständnis. Je ausgeglichener die Bilanz unserer Aufenthalte ist, je eher unsere mit jeder Reise verbundenen Lernaufgaben erledigt sind, desto eher dürfen wir wieder nach Hause oder können ganz auf weitere Erdenaufenthalte verzichten. Die Schule Erde ist dann für uns abgeschlossen.

Die Erde ist eine Einrichtung, in der wir den bewussten Umgang mit der uns von Gott gegebenen Schöpferkraft erlernen sollen. Eine Schöpfer-Schule sozusagen.

Um in dieser Schule agieren, handeln und die entsprechenden Erfahrungen sammeln zu können, wird uns ein menschlicher Körper zugeteilt, dem wir vom Moment seiner Zeugung an bis hin zu seinem Tode verbunden bleiben und den wir sozusagen als Wohnung benutzen. Dieser Körper wäre dann eine so genannte Personalie. Allerdings eine lediglich am Außen und nicht am Innen orientierte Personalie, und an der sind Sie sicher weniger interessiert.

Wir können diese Personalie auch als eine Rolle bezeichnen, in die wir wie ein Schauspieler hineinschlüpfen. Auch ein Schauspieler sammelt Erfahrung und entwickelt sich von Rolle zu Rolle weiter. Zumindest wäre das der normale Weg. Natürlich kann er sich verweigern und auf der Stelle stehen bleiben. Es gibt keine Zwangsschauspieler. Aber gleichgültig, welche Rolle er im Moment gerade spielt, ob er weiter kommt oder auf der Stelle stehen bleibt: „Er ist nicht die Rolle, die er spielt." Es wäre völlig falsch, die jeweilige Rolle mit seinem wahren „Ich" zu verwechseln.

Die Erde ist der dichteste und materiell ausgeprägteste Planet, auf dem wir unsere Erfahrungen sammeln können. Wer die Schule Erde hinter sich gebracht hat, wird in der Regel zu höheren Aufgaben bestellt. Er hat den Umgang mit seiner göttlichen Schöpferkraft erlernt. Er richtet keinen Schaden mehr in der allumfassenden, göttlichen Ordnung an. Er steht auf einem soliden Fundament.

Neue Aufgaben können in ganz anderen Dimensionen des Universums oder in der geistigen Welt auf ihn warten, oder er dient der irdischen Menschenrasse weiterhin als Lehrer. So in etwa ist dies auch meine Aufgabe, wenngleich ich auch noch eigene Konten bei mir selbst auszugleichen habe, und dies ist nicht gerade wenig.

In meinem Zuhause ist alles in der absoluten Einheit mit Gott. Nichts ist getrennt von Gott. Wir sind wie Teilchen des einen, allumfassenden, göttlichen Lichts, obwohl dieses Licht unteilbar ist. Wir sind wie flimmernde Elemente dieses Lichts in der Mittagssonne. Solche Elemente kann man dem Licht weder hinwegnehmen noch hinzufügen. Sie sind Bestandteil des Lichts.

Auf dieser Ebene verstehen wir uns, ohne einer komplizierten Sprache zu bedürfen, wie ich sie auf der Erde nun wieder zu erlernen habe. Wenn sie dort wenigstens eine einheitliche Sprache hätten! Aber sie haben unzählige Sprachen, und dazu kommen dann noch die unterschiedlichsten Dialekte. An Bayern mag ich dabei gar nicht erst denken. Obwohl ich dachte, die deutsche Sprache mit Mühe erlernt zu haben, wurde ich dort eines ganz anderen belehrt.

In unserer göttlichen Einheit hingegen bedürfen wir keiner Sprache. Wir kommunizieren – wenn man dies überhaupt so nennen kann – auf der rein geistigen Ebene. Es sind feine Schwingungen, die uns wissen lassen und durch die wir uns mitteilen. Aber was könnte ich in der allumfassenden Einheit einer anderen Seele schon mitteilen, was nicht schon längst ihr Eigen wäre?

Auf der Erde hingegen werde ich ein einzelnes Individuum mit eigenem ICH sein und dabei anderen ICHS gegenüberstehen. Keine Spur mehr von Einheit. Wir werden aufeinander einplappern und uns gegenseitig von unseren so genannten Wahrheiten zu überzeugen versuchen.

Ein höchst alberner Zustand, wenn man bedenkt, dass kein begrenzter Mensch im Besitz der Wahrheit ist. Und trotzdem ist es bei meinen bisherigen Aufenthalten noch nie anders abgelaufen. Ich werde mich wohl auch diesmal damit abfinden müssen.

Wie sehr ich mich auf der Erde auch um Einheit bemühen werde, wie groß meine Sehnsucht nach Einheit auch sein mag, niemals werde ich mit auch nur einem einzigen anderen menschlichen ICH wirklich eins sein können.

Glauben Sie mir, in vielen menschlichen Rollen habe ich schon versucht, so etwas wie Einheit zu erreichen. So etwa als Mönch in einem Kloster in den Gebirgen Chinas, doch auch die mönchische Einheit war keine wirkliche Einheit. Neid, Eifersucht, Rechthaberei und Machtgelüste zerstörten jede Art von Nähe oder gar Harmonie. Es war auch dort ganz einfach nur „menschlich".

In einer Ehe spielte ich die Rolle einer Mutter von sieben Kindern, und gerade hier wollte ich endlich alles anders machen und so etwas wie in Einheit mit meinen Kindern leben. Schließlich waren es doch „meine" Kinder. Mit ihnen musste es doch möglich sein, auch wenn mich mein Herr Gemahl nur als so etwas wie eine Gebärvorrichtung ansah. Schließlich galten Kinder als Reichtum, und reich wollte er sein. Aber auch meine Kinder gingen ihre eigenen Wege und hatten alles andere als Einheit im Sinn.

In einem anderen irdischen Gastspiel fand ich mich in der Rolle eines Fürstbischofs. Ein mächtiger und kriegerischer Bischof mit riesigem Landbesitz, der sich von Österreich bis weit in das heutige Deutschland hineinzog. In der Einheit wurde in diesem Fall nur das gesehen, was erobert und damit in meinem Einflussbereich lag. Eine Pseudoeinheit, die auf einer trügerischen Landkarte aufgezeichnet war.

In keiner meiner mir bekannten Rollen ist es mir je gelungen, die ersehnte Einheit mit einem anderen Menschen zu erlangen oder sie zwischen anderen Menschen herbeizuführen. Am meisten isoliert fühlte ich mich in der Bischofsrolle. Aber von dieser Rolle erzähle ich Ihnen zum Ende des Buches noch ausführlicher.

Wenn die Einheit der göttlichen Ebene, aus der wir alle stammen, in uns verankert ist, ist das Gefühl des Getrenntseins nahezu unerträglich. Auf der Erde werden wir deshalb immer wieder versuchen, in der Einheit mit etwas zu leben. Wir suchen einen Ersatz für das, was wir verloren haben. Einheit ist eine tiefe Urerfahrung in uns, die wir immer wieder zu erreichen versuchen. Eine Seele ist kein Einzelgänger.

Wir werden z. B. heiraten, werden unseren Partner und viel mehr noch unsere Kinder in der Einheit mit uns sehen und zwangsläufig die schmerzhafte Erfahrung machen müssen, dass wirkliche Einheit und Harmonie auf der begrenzten, menschlichen Ebene immer nur eine Illusion bleiben.

Unser Urtrieb nach Einheit treibt auf dieser Erde höchst seltsame Blüten. Wir können diese Einheit sogar in einem Verein, einer Firma, einer Partei, einer bestimmten Wohnstraße oder sonst wo suchen. Und wenn unser Verein ein Sportverein ist, der dann auch noch Meister wurde, dann sind „wir" Meister geworden. Wenn es sich dabei um einen Fußballverein handelt, dann hat sicher auch der oft zitierte „Fußballgott" dazu beigetragen, und so haben wir dann sogar wieder Gott auf unserer Seite. Ein seltsames Treiben.

Viele Menschen versuchen ihr Urverlangen nach Einheit in einer Religionsgemeinschaft zu befriedigen. Aber auch hier ist es in der Regel nur menschlich. Herrschen und beherrscht werden, Macht und Ohnmacht, Eifersucht, Liebe und Hass können auch hier nicht ganz ausgeschlossen werden. Die handelnden Menschen sind in ihrer menschlichen Unvollkommenheit überall gleich.

Aber lassen Sie mich nunmehr in die Geschichte meines jetzigen Erdenaufenthalts einsteigen.

Mutterleib und Geburt

Stellen Sie sich vor, Sie sperren ein Rentier, das es gewohnt ist, in den unendlichen Weiten der nordischen Wälder herumzustreifen, in einen Verschlag, in dem es sich kaum bewegen kann, und dunkeln dann diesen Verschlag auch noch vollkommen ab.

Ich weiß, jeder Vergleich hinkt, und dieser Vergleich hinkt schon allein dadurch, dass er meine Empfindungen in der vorgeburtlichen Situation viel zu harmlos darstellt.

Es war zwar nicht die Weite der nordischen Wälder, in denen ich mich bewegt hatte. Ich war auch kein Rentier. Ich war vielmehr ein geistiges Wesen, das sich in der Unendlichkeit frei bewegte und das nun an die schwere Materie eines werdenden menschlichen Körpers gebunden wurde.

Dieser Körper wuchs seinerseits noch in der Enge und Dichte eines menschlichen Bauches heran. Hatte ich vorher körperlose Leichtigkeit und Freiheit genossen, so war ich nunmehr in eine erdrückend dichte und schwere Materie eingepfercht. Wahrlich kein Vergnügen.

Aber es war nicht allein die Enge, die mir zu schaffen machte. Es waren nicht allein die Dichte und Schwere der Materie. Es war vor allem das Gefühl der Abkopplung von der allumfassenden Einheit, in der ich vorher existiert hatte, die mich schier verzweifeln ließ. Ich fühlte mich einsam und abgeschnitten.

Wäre es mir nicht gestattet worden, die Enge und Schwere meiner neuen Behausung wenigstens ab und zu einmal zu verlassen, um durchzuatmen und dabei auch Kontakt mit meinem Zuhause aufzunehmen, hätte ich das alles nicht durchgestanden. So war jedenfalls mein vorherrschendes Gefühl. Ich weiß natürlich, dass man mehr durchstehen kann, als man selbst für möglich hält.

Am Anfang meiner Verbindung mit dem werdenden Körper wurden mir solche Ausflüge noch relativ häufig gewährt. Später wurden sie immer seltener und beschränkten sich auf die Perioden, in denen der mir zugeordnete Körper in einen Tiefschlaf verfiel. Für diese Tiefschlafphasen war ich unendlich dankbar. Sie stellten nun meine einzige Freizeit dar. Sie waren mein einziger Freigang aus diesem Gefängnis.

Aber wie durch eine Schnur blieb ich auch bei solchen Freigängen immer mit dem werdenden Körper verbunden. Ganz loswerden konnte ich ihn nie. Er hing wie eine klebrige Masse an mir, die ich nicht abschütteln konnte. Wir waren und blieben verbunden.

Mit meiner Mutter konnte ich leider so gut wie gar nicht kommunizieren. Sie betrachtete mich als ein lästiges Übel, das ihr nicht nur im Moment – sie klagte über eine dauernde Übelkeit, an der ich schuld sein sollte –, sondern in Zukunft noch größere Unannehmlichkeiten bereiten würde. Sie akzeptierte die Schwangerschaft nur, weil es halt so üblich war, dass eine Frau zumindest einmal ein Kind bekam. Sonst hätten die Leute wohl dumm geredet. Und wie und was die Leute über sie redeten, das war meiner Mutter immer mehr als wichtig.

Sie erfüllte sozusagen eine Pflicht, sie wurde den an sie gestellten Erwartungen gerecht, und dazu genügte diese eine Schwangerschaft. Geschwister hatte ich demzufolge keine.

Mit mir selbst, einem fühlenden Wesen, hatte die Schwangerschaft meiner Mutter rein gar nichts zu tun. So etwas wie Freude über meine Existenz oder mein Kommen habe ich nie bei ihr gespürt, und gerade darüber hätte ich mich doch so gefreut.

Ob ich nun männlichen oder weiblichen Geschlechts sein würde, blieb in der Außenwelt bis zu meiner Geburt unerkannt. Zur damaligen Zeit (1937) war eine sichere vorgeburtliche Geschlechtsbestimmung, wie sie heute keinerlei Probleme mehr bereitet, noch nicht möglich. Ich glaube, es war meinen Eltern auch ziemlich gleichgültig, und ich selbst wusste ja, welche Rolle und welcher Lebensplan auf mich wartete. Ich erinnerte mich zu dieser Zeit noch sehr genau an den tieferen Sinn meines neuerlichen irdischen Gastspiels, wenngleich diese Erinnerung mit dem Heranwachsen meines Körpers mehr und mehr verblasste. Ich hatte einsehen müssen, dass ich noch einiges von dem auszugleichen hatte, was ich bei früheren Aufenthalten verursacht hatte.

Wenn ich auch meinerseits nicht mit meiner Mutter kommunizieren konnte, so bekam ich doch umgekehrt alles mit, was sich in ihrem Leben abspielte. Und das hätte ich teilweise lieber nicht mitbekommen.

An der geistigen Schwingung meiner Mutter, an ihren Gefühlen, ihren Gedanken, ihrem Zorn, ihrem Hass, ihrer Unzufriedenheit usw. musste ich ungeschützt teilhaben.

Es fällt mir nicht leicht, dies zu sagen, aber meine Mutter war weder mit sich selbst noch mit der Welt in Frieden, und auf der Ebene der geistigen Schwingung war ich nun ihr stiller Teilhaber, wovon sie aber offensichtlich nichts ahnte. Hätte sie es geahnt, wäre sie sicher manchmal über sich selbst erschrocken.

Ich saß immer auf dem Beifahrersitz, ob ich nun wollte oder nicht.

Da ich mit meiner eigenen Schwingung nicht bis zu ihr durchdringen konnte – ihr fehlte offensichtlich die entsprechende Empfangsfrequenz –, blieb mir nur der Weg, mich auf der Ebene der körperlichen Materie bemerkbar zu machen. Aber auch dies hatte seine Grenzen. Ich konnte zwar wild um mich trampeln, aber bis zu der Feststellung meiner Mutter, dass ich heute wieder einmal besonders unruhig sei, und ihre daraus resultierende Leidensmiene hatte das keinerlei Auswirkungen.

Ich hätte mich doch so gefreut, wenn sie einmal mit mir gesprochen hätte. Wenn sie mir gesagt hätte, dass sie sich auf mich freut, wenn sie mir etwas mehr Mut gemacht hätte, diese Welt zu betreten.

Aber dazu war sie nicht fähig. Warum konnte sie so etwas nicht empfinden? Sie hielt mich ganz offensichtlich noch nicht für ein wahrnehmendes und fühlendes Wesen. Sie sah mich eher wie eine Sache, die da in ihrem Bauch heranwuchs. Das Kind war ja noch nicht fertig, also konnte es auch nichts empfinden. Wie hätte sie ihm da etwas sagen können? Und wenn – wozu auch? Es kostete Mühe genug.

Sie werden verstehen, dass ich diese Welt am liebsten nicht betreten hätte. Es war zwar nicht gerade gemütlich in meiner Behausung, aber was mich außerhalb erwarten würde, schien noch ungemütlicher zu werden. Und so versuchte ich zunächst einmal alles, um der Vertreibung aus meiner Höhle entgegenzuwirken.

Ich ließ mir viel mehr Zeit als vorgesehen, und als ich von außen hörte, dass ich längst da sein müsste und nun geholt werden würde, verfiel ich in völlige Agonie. Ich wollte nur noch in

Ruhe gelassen werden, aber ich hatte die Rechnung ohne den Wirt gemacht.

Meine Geburt wurde künstlich eingeleitet. Wie das geschah, kann ich heute nicht mehr genau sagen. Ich spürte nur, dass sich etwas um den Kopf meines Körpers legte und dann an diesem Kopf gezogen wurde. Wollte man mich schon köpfen, bevor ich geboren war? Was wollten sie mit meinem Kopf?

Ich spürte auch, wie sich von oben etwas auf meine Höhle legte, wie sie zusammengedrückt und immer enger wurde. Von oben wurde mein Körper hinausgedrückt, und von unten wurde an seinem Kopf gezogen. Ein barbarischer Akt des Unfriedens. Welch ein grausamer Beginn! Was war das für eine Welt? Ich war doch gekommen, um auf dieser Erde Liebe und Mitgefühl zu erlernen und zu praktizieren. So hatte ich es jedenfalls noch in Erinnerung. Aber wie sollte das ausgerechnet hier möglich sein?

Natürlich widersetzte ich mich mit allen Kräften meiner Austreibung, versuchte mich sogar quer zu legen, konnte mich aber nirgendwo halten. Je mehr es an meinem Kopf zog, je mehr der daran hängende Körper aus seiner Höhle gezerrt wurde, desto enger wurde der Tunnel, durch den er gezogen wurde. Zum ersten Mal spürte ich so etwas wie Todesangst. Ein mir bis dahin noch unbekanntes Gefühl.

Wie sollte ein unbegrenztes und unsterbliches, geistiges Wesen Todesangst empfinden? In meinem wahren Zuhause gibt es keinen Tod. Tod ist eine Einrichtung auf der begrenzten, materiellen, menschlichen Ebene. Auf dieser Ebene gibt es einen Anfang und ein Ende, und mit dieser Ebene war ich nun unwiderruflich verbunden, was mir immer schmerzlicher bewusst wurde. Ich würde an den Gefühlen dieser Ebene teilhaben, ob ich nun wollte oder nicht.

Wie die Geschichte ausging, können Sie sich denken. Meine Gegenwehr blieb erfolglos. Mein Körper wurde aus dem Bauch meiner Mutter herausgezerrt. Ich war geboren, wie das die Menschen nennen, und ich weinte bitterlich, was von denen, die mich gequält hatten, sogar als gutes Zeichen gedeutet wurde. Mir war unendlich kalt, und mein Körper fror erbärmlich. Ebenfalls ein völlig neues Gefühl, an dem ich teilhaben durfte und das ich staunend zur Kenntnis nahm. In dieser Welt war es offensichtlich kalt. So jedenfalls mein erster Eindruck.

Mein Körper wurde an den Füßen hochgehalten und wie ein Stück Fleisch begutachtet. Dass ich ein fühlendes Wesen war, schien auch hier niemand zu wissen, oder sie wollten es einfach nicht wahrhaben. So mussten sie jedenfalls keine Rücksicht nehmen.

Waren alle Menschen so barbarisch? Später erinnerte ich mich immer wieder an diesen Moment, wenn ich mit meiner Mutter einkaufte und der Metzger ihr ein Stück Fleisch zur Begutachtung hochhielt. Die Scheibe Wurst, die er mir dann meist anbot, konnte ich nicht essen. Auch wenn mein Opa ein Kaninchen schlachtete und der aus dem Fell geschlagene Körper des Kaninchens für einige Tage an der Stalltür hing, erinnerte mich dieses Bild unbewusst an meine Geburt. Ich konnte nie ein Stück von diesem Kaninchen essen.

Auch kann ich es heute noch nicht ertragen, wenn mir jemand an meinen Kopf fasst, mir durchs Haar streicheln will oder dergleichen. Meine gespeicherten elementaren Erfahrungen bleiben offensichtlich ein Leben lang wirksam. So ist es jedenfalls mit meinem Geburtserlebnis. Allein die Vorstellung, in etwas Engem eingeschlossen zu sein oder durch einen engen Spalt kriechen zu müssen, löst wieder die gleichen Todesängste in mir aus, wie ich sie damals verspürte.

Als man meinen Körper nach der Begutachtung schließlich zum Wiegen auf eine kalte Fläche legten, die sie als Waage bezeichneten, schrie ich vor Entsetzen auf, was alle Umstehenden leider nur mit Genugtuung statt des von mir erhofften Verständnisses zur Kenntnis nahmen. Sie wollten mich offensichtlich schreien hören. Warum verstand mich denn niemand? Warum waren sie so grausam zu mir? Ich habe doch nicht geschrieen, weil es mir gut ging!

Ich fühlte mich etwas besser, als mein Körper in warmes Wasser getaucht wurde. Dies erinnerte mich wieder an die warme und feuchte Höhle, aus der mein Körper herausgezogen wurde. Hätte ich doch in dieser Höhle bleiben können!

Aber auch das Eintauchen meines Körpers in warmes Wasser geschah nicht etwa zu meinem Vergnügen oder Wohlbefinden, wie ich leichtsinnigerweise annahm. Es war keinerlei Wiedergutmachung damit verbunden. Es hatte eine Funktion. Alles auf dieser Erde schien eine Funktion zu haben. Mitgefühl ohne Funktion gab es offensichtlich nicht.

Mein Körper musste gereinigt werden. So meinten es jedenfalls die Umstehenden. Aber was war schmutzig? Was stimmte nicht an ihm?

Natürlich war er stellenweise mit einer käsig weichen Schicht bedeckt und auch etwas mit Blut verschmiert. Aber das hatten sie doch selbst verursacht, als sie mich herauszerrten. Wollten sie auf diesem Weg die Spuren ihres erbärmlichen Handelns beseitigen?

Den Kontakt zu meiner Mutter habe ich bei all diesen Geschehnissen völlig verloren. Ich empfange keinerlei Schwingung von ihr. Weder eine positive noch eine negative Schwingung. Sie scheint abwesend zu sein. Ich fühle mich total alleine. Wieder ein völlig neues Gefühl, obwohl ich das Gefühl des Abgeschnittenseins schon in meiner Höhle verspürt hatte. Aber da hatte ich ja noch meine Ausflüge, und irgendwie war es trotz allem nicht das gleiche Gefühl.

Ich schreie vor lauter Verzweiflung, aber niemand schenkt meinem Schreien irgendeine Beachtung. Alle Babys schreien, ja sie müssen sogar schreien, das stärkt die Lungen, spüre ich plötzlich jemanden sagen. Ja, aber weiß er auch, warum wir in Wahrheit schreien? Kein Baby hat sich freiwillig zum Lungentraining angemeldet.

Ich werde nun angekleidet, wie das die Menschen nennen. Nackt zu sein scheint ihnen irgendwie unangemessen. Dabei hätte ich mich so gerne an etwas Warmes und Lebendiges angeschmiegt, hätte mich gerne ganz nah gefühlt. Hätte gerne ein Herz schlagen hören, so wie mich dieses endlose Bum-Bum Tag und Nacht in meiner Höhle begleitet hatte.

Stattdessen wickelt man mich in eine grobe Materie ein, die meinen Körper noch enger umschließt, als das bereits in meiner Höhle der Fall war. Nun kann ich wirklich nur noch schreien, und ich versuche mich diesem Vorgang durch kräftige Bewegungen meiner Arme und Beine zu entziehen.

Alle, die um mich herumstehen und dies beobachten, sind höchst zufrieden. „Ein kräftiger Junge", meinen sie. „Der wird sich bestimmt einmal durchboxen und seinen Weg gehen."

Die Menschen sind irgendwie komisch. Sie legen ganz andere Maßstäbe an, als ich sie bisher kannte, und trotzdem scheinen sie auch in ihrer seltsamen Art bestimmte Dinge vorauszuahnen. Ganz Unrecht hatten sie mit ihrer Durchbox-Prognose jedenfalls nicht, wenngleich ich später als Junge eher schwächlich als kräftig war.

Von meiner Mutter ist immer noch nichts zu spüren. Ich werde in einen besonderen Raum gebracht, den man als Babystation bezeichnet und in den unbefugten Personen jeglicher Zutritt verboten ist. Außer mir schreien noch einige andere so genannte Neugeborene. Aber hier bin ich wenigstens nicht so alleine, und mit diesen Leidensgenossen kann ich viel leichter kommunizieren als mit denen, die mich bisher „ver“-sorgt haben und keinerlei Verständnis aufbrachten.

Als es etwas ruhiger wird, können wir unsere Gedankenenergie ungehindert fließen lassen. Wir teilen alle das gleiche Schicksal. Wir haben alle den gleichen Schock hinter uns, und nach einer Weile wollen wir nur noch schlafen. Einer meiner Leidensgenossen, es ist ein Mädchen, beschließt, sich dieser Welt ganz und gar zu versagen. Sie will niemals mit jemandem reden oder sich ihm gar öffnen. Sie will diesen barbarischen Menschen keinerlei Zutritt zu sich gewähren. Im späteren Leben erfahre ich, dass sie bei ihrem Vorsatz geblieben ist und man sie als „autistisch“ eingestuft hat.

Es muss schon eine ganze Weile vergangen sein, als ich von einer mir völlig unbekannten Energie aufgehoben werde. Die Energie meiner Mutter hatte ich noch in Erinnerung. Dies aber war nicht meine Mutter. Was hatten sie jetzt wieder mit mir vor?

Der Schwingung ihrer Worte entnahm ich, dass mein Vater mich sehen wollte. Sie plapperte unaufhörlich mit mir. Was die anderen zu wenig taten, tat sie zu viel. Aber bei all ihrem Geplapper konnte ich keine Schwingung entdecken, die wirklich von Herzen kam. Sie selbst war wohl die Einzige, die Gefallen an ihrem Redeschwall fand.

Ach ja. Ich hatte ja auch noch einen Vater. Meine Erinnerung daran war nur sehr schwach. In meiner Höhle hatte ich immer nur Unwohlsein empfunden, wenn ich die Nähe meines Vaters spürte. Ich hatte das Gefühl, dass er mir den Platz in meiner Höhle streitig machen wollte.

Mit einem Teil seines Körpers kam er mir oft sehr nahe, er schien damit nach mir zu stoßen, und ich zog mich in den äußersten Winkel meiner Höhle zurück. So konnte er mir jedenfalls nichts anhaben. Dieses Problem wurde größer, als mir immer weniger Platz zum Rückzug blieb. Aber Gott sei Dank ließen seine Versuche zu diesem Zeitpunkt nach. Zuletzt blieben sie ganz aus. Er hatte wohl aufgegeben, mich zu treffen.

Nun wollte er mich also sehen. Würde er auch diesmal nach mir stoßen? Zurückziehen konnte ich mich nicht. Die mir bis dahin unbekannte Energie hielt mich fest in ihren Armen. Würde sie mich beschützen oder auch dabei nur weiter plappern? Die Bedrohung ging schneller vorüber, als ich mir vorgestellt hatte. Ich wurde wieder hingelegt und durfte weiterschlafen. Was war geschehen? Warum hatte ich die Energie meines Vaters nicht gespürt?

Damals konnte ich mir das nicht erklären. Heute weiß ich, dass er mich nur durch eine Glaswand sehen durfte. Die Gefährlichkeit der nach Babys stoßenden Väter war hier offensichtlich bekannt.

Als ich das nächste Mal aufgehoben wurde, wurde ich von der gleichen plappernden Energie zu meiner Mutter gebracht. Sie legte mich in den Arm meiner Mutter. Zwar spürte ich die mir bekannte Energie, aber ich empfand ihr gegenüber nur Abwehr. Warum hatte sie mich alleine gelassen? Warum hatte sie sich nicht um mich gekümmert? Warum hatte sie das alles zugelassen?

Als sie mich im Arm hielt, konnte sie offensichtlich ebenso wenig mit mir anfangen, wie ich mit ihr anfangen konnte. Irgendetwas zwischen uns war zerbrochen, obwohl wir auch vorher keine wirkliche Verbindung hatten. Ich konnte ihre Gefühle nicht erreichen, und sie konnte keine Gefühle zu mir entwickeln. Wir blieben auf Abstand.

Sie tat auch hier ihre Pflicht, sie genügte auch hier den an sie gestellten Erwartungen. Sie steckte mir ohne Gefühl etwas in den Mund, an dem ich dann instinktiv zu saugen begann. Aber es war etwas Fremdes, das ich in meinem Mund spürte. Es gehörte nicht zu meiner Mutter, über die ich mich in meiner Höhle ernährt hatte.

Später steckte mir auch die Energie, die mich aus der Gemeinschaft mit den anderen Babys holte und wieder zurückbrachte, dieses Etwas in den Mund. Vor allem nachts, wenn meine Mutter nicht gestört werden wollte. Mir war es inzwischen gleichgültig. Hauptsache, es floss etwas Warmes in meinen kleinen Körper, was jedes Mal ein zufriedenes Wohlgefühl in mir auslöste und mich entspannt schlafen ließ.

Als ich mich an diese neuen Lebensumstände einigermaßen gewöhnt hatte, wurden sie auch schon wieder beendet. Es sei Zeit, nach Hause zu gehen. Meine Mutter könne entlassen werden.

Aber was bedeutete „nach Hause gehen“? Welches Zuhause? Mein Zuhause war auf der unbegrenzten, geistigen Ebene, und dahin wäre ich wahrlich gerne zurückgegangen. Allenfalls konnte man auf dieser Erde die Höhle, aus der ich gezogen worden war, als mein Zuhause bezeichnen oder auch die Umstände, an die ich mich jetzt gerade gewöhnt hatte. Aber was erwartete mich nun? Nahm das denn gar kein Ende? Warum ließ man mich nicht einfach in Ruhe?

Liebe Eltern!

Es gibt zwei Ebenen des Lebens: Die begrenzte, körperliche Existenz und die unbegrenzte, geistige Existenz.

Die körperliche Existenz beginnt mit der Zeugung und endet mit dem Tod.

Die geistige Existenz ist ohne Anfang und ohne Ende.

Die unbegrenzte, geistige Existenz, die im Sprachgebrauch der Christen als Seele bezeichnet wird, verbindet sich nach der Zeugung mit dem heranwachsenden neuen Körper.

Diese unbegrenzte Seele ist weder alt noch jung. Sie empfindet gleichermaßen mit und ohne Körper. Sie erlebt und fühlt nach der Verbindung mit einem heranwachsenden Körper ebenso umfassend, wie sie auch nach dem Tod dieses Körpers weiterhin umfassend fühlt und empfindet.

Mit dieser Seele können Sie im frühesten Stadium der Entwicklung eines Körpers genau so reden wie mit der Seele eines Erwachsenen.

Sie ist nach der Zeugung ebenso erwachsen, wie sie nach dreißig oder hundert Erdenjahren erwachsen ist. Das Stadium des heranwachsenden oder auch schon wieder abbauenden Körpers ist dabei nicht entscheidend.

Laden Sie diese Seele ein, sagen Sie ihr, dass sie willkommen ist, sagen Sie ihr, dass Sie sich auf sie freuen. Sagen Sie ihr, dass sie am richtigen Platz ist. Sagen Sie ihr, dass sie geliebt wird. Diese Seele steht vor einer schweren Aufgabe.

Mit Ihrer Zuwendung geben Sie ihr jenes wichtige Fundament, das man als Urvertrauen bezeichnet und das einen glücklichen und zufriedenen Menschen aus ihr macht.

Denken Sie auch daran, dass diese Seele es ebenso bewusst erlebt, wenn sie nicht willkommen ist, wenn sie vielleicht sogar abgetrieben werden soll.

Galan

Die ersten Jahre

Wenn ich gehofft hatte, dass es im Laufe der Zeit etwas einfacher für mich werden würde, so traf das leider ganz und gar nicht zu. Das angekündigte neue Zuhause war auch diesmal alles andere als ein gemütliches Zuhause. Am Anfang lief dort im Prinzip nichts anderes ab als das, was der ständige Wechsel zwischen Schlafen, Aufnahme und Ausscheiden von Materie so mit sich brachte. Ein bisschen Blabla, Materie hineinstopfen, warten, ein Bäuerchen machen, Windelwechsel und wieder schlafen. War es das, was die Menschen unter Leben verstanden? Sollte das jetzt so weitergehen?

Obwohl ich die enge, schwere und unbewegliche Materie meines kleinen Körpers am liebsten abgeschüttelt hätte, wurde noch immer mehr Materie in ihn hineingestopft. Selbst wenn ich sie mit innerlichem Abscheu zum Mund hinausprustete, wurde sie mit einem Löffel geschickt eingefangen und landete erneut dort, wo ich gerade versucht hatte, sie loszuwerden. Meine Gegenwehr war aussichtslos, und dementsprechend wuchs mein innerer Abscheu.

Wie mir die Energie meiner Mutter bedeutete, geschah dies alles nur zu meinem eigenen Wohl. Ich sollte groß und stark werden. Aber was sollte das bedeuten – groß und stark? In meinem wahren Zuhause kannten wir solche Begriffe nicht. Alles war dort gleichermaßen in der allumfassenden Einheit mit Gott. Nichts war dort größer oder stärker.

Ich muss mich wohl daran gewöhnen, dass auf dieser Erde alles zwei Seiten hat. Wie ich allmählich begreifen lerne, ist die göttliche Schöpfung Erde im System der Polarität angelegt. Es gibt hier nichts, ohne dass es dazu nicht auch das Gegenteil gäbe.

Wenn ich also groß und stark werden soll, so muss es in diesem System auch zwangsläufig das Gegenteil, also klein und schwach, geben. Aber was soll das alles bedeuten? Kann man sich so etwas aussuchen, oder hat es lediglich mit der Menge der Nahrungsaufnahme zu tun? Ich bin überzeugt, es muss damit zu tun haben, sonst würde meine Mutter doch nicht dauernd von groß und stark werden reden, während sie mehr und mehr Materie in mich hineinstopft.

Der Kern eines Menschen, das geistige Wesen, das in jedem menschlichen Körper wohnt, das, was einen solchen Körper erst lebendig macht, kommt dagegen aus einem unpolarisierten Zuhause. Einem Zuhause ganz ohne „schwach“ oder „stark“. Ich habe deshalb Schwierigkeiten, die Unterschiede auf der menschlichen Ebene zu verstehen. Die Sache beschäftigt mich.

Ist dann vielleicht in die so genannten Kleinen und Schwachen in diesem Erdensystem zu wenig Materie hineingestopft worden, oder haben sie diese Materie zu oft ausgeprustet, wie ich das immer wieder versuche? Sollte ich vielleicht doch einfach und klaglos runterschlucken? Immer noch beunruhigt mich dieses ungelöste Problem, und ich beobachte, wie ich von Mal zu Mal schluckwilliger werde. Ich möchte ja nichts falsch machen.

Aber je mehr ich runterschlucke, desto mehr ausgeschiedene und übel riechende Materie sammelt sich dann um den unteren Bereich meines Körpers an. Dies ist mir mehr als unangenehm.

Ich mag dieses Gefühl nicht, und jedes Mal beginne ich zu schreien, wenn mich diese Ansammlung stört. Es ist irgendwie widerlich. Wann hört dieser Unfug endlich auf?

Der menschliche Körper scheint wirklich nichts anderes als eine Einrichtung zu sein, in die man oben etwas hineinsteckt, was dann unten übel riechend wieder herauskommt. Und das ein so genanntes ganzes Leben lang.

Ein seltsames und offensichtlich auch völlig sinnloses Spiel, denn irgendwann (die Menschen nennen es Tod) verfault diese mühsam hochgepäppelte Einrichtung ja doch wieder oder sie wird verbrannt.

Andererseits aber muss ich zugeben, dass ich mich auch nicht recht wohl fühle, wenn zu wenig von dieser Materie in meinen kleinen Körper hineingestopft wird. So ein gut abgefüllter kleiner Körper lässt mich ruhiger schlafen und vermittelt mir zumindest für eine kurze Zeit das trügerische Gefühl von Geborgenheit und Sicherheit.

Eine Zwickmühle, in die ich hier geraten bin und aus der ich noch keinen Ausweg weiß. Einerseits verlange ich danach, dass mein Körper gefüllt wird, andererseits ekelt es mich davor. In meinem späteren Leben erfahre ich, dass es tatsächlich Menschen gibt, deren einziger Lebensinhalt im Aufnehmen und Ausscheiden von Materie zu bestehen scheint. (Vielleicht beruht meine heutige Aversion gegen vollgestopfte und verfettete Menschen auf eben diesen meinen frühkindlichen Erfahrungen?)

Ganz einfach zu schlafen oder eben wach zu sein, wenn mir danach ist – wieder einer der Gegensätze auf dieser Erde – wird mir auch nicht gestattet. Auf dieser Erde gibt es offensichtlich Zeiten, zu denen ich wach zu sein habe – ob ich nun will oder nicht –, und Zeiten, in denen ich zu schlafen habe. Basta, wie ich meine Mutter laut und deutlich sagen höre.

Aber dafür finde ich eine zumindest halbwegs plausible Erklärung. Aus meinem wahren Zuhause weiß ich noch, dass die materielle Erde die Form einer Kugel hat, die sich um die Sonne dreht. Scheint die Sonne auf die eine Hälfte der Kugel, schlafen die Menschen auf der anderen Seite der Kugel, bis dann die Sonne wieder auf ihrer Seite scheint. Zumindest scheint das vernünftig gelöst zu sein. So ist die eine Hälfte immer wach, wenn die andere Hälfte schläft. Was für ein Chaos, wenn alle gleichzeitig wach wären. Hier muss ich mich wohl fügen. Die Sache macht jedenfalls Sinn.

Trotzdem ist es für mich sehr schwierig, mich an diese Gepflogenheit zu gewöhnen. Erstens kann ich noch nicht richtig wahrnehmen, wann nun Tag und wann Nacht ist, und zweitens sind mir die Begriffe nicht nur fremd, sondern auch völlig schnuppe. Ich blicke da noch nicht durch. Wenn ich z.B. das Gefühl habe, dass es Nacht ist, weil ich überhaupt nichts mehr sehe, und meine Mutter kommt ins Zimmer und dreht an einem Schalter, ist plötzlich wieder heller Tag. Wenn sie dann noch einmal daran dreht, ist es wieder dunkle Nacht. Wie macht sie das? Kann sie mit dem Schalter die Erde umdrehen? Ist sie wirklich so mächtig?

Ist es zu viel verlangt, mich einfach nur schlafen zu lassen, wenn ich das Bedürfnis zum Schlafen habe, und mich umgekehrt wach sein zu lassen, wenn ich das Bedürfnis habe, wach zu sein?

Ist es zu viel verlangt, dass man nur dann Materie in mich hineinfüllt, wenn ich die entsprechende Lust dazu verspüre, und dass man mich bitte damit verschont, wenn ich genug davon habe. Ist das wirklich alles zu viel verlangt?

Ja, tatsächlich, es scheint zu viel verlangt, und so beginnt meine unvermeidliche Dressur zum Tag- und Nachtmenschen. Mein Vater hat nachts zu schlafen, weil er tagsüber arbeiten muss und nicht unausgeschlafen zur Arbeit erscheinen kann. Ich habe „kein Recht" (was das nun wieder sein soll?), ihn nachts zu stören. Schließlich arbeite er ja auch für mich, wie mich die Energie meiner Mutter wissen lässt, und teuer genug sei ich sowieso schon. Wieder ein Erdenbegriff, mit dem ich im Moment nichts anfangen kann. Wieso bin ich schon teuer genug?

Die Konsequenz aus diesen Begriffen trifft mich, völlig unabhängig von meinem Verständnis, mit ganzer Härte. Meine Eltern haben beschlossen, dass ich nun groß und schwer genug sei, um durchzuschlafen, und dementsprechend handeln sie. Offensichtlich hat schlafen oder wach sein dürfen etwas mit Größe und Schwere zu tun. Nun kann ich nachts schreien, so lange und so laut ich will, ich kann meine ganze Kraft in diese Bezeugung meines Unwillens legen, aber nichts rührt sich, niemand kümmert sich um mich. Niemand dreht an dem Schalter, damit die Erde sich wieder dreht.

Nun fühlte ich mich vollends einsam und verlassen, und wenn ich dann nach einer Nacht vergeblichen Schreiens zum Morgen hin völlig entkräftet einschlafe, sind meine Eltern damit auch wieder nicht einverstanden.

Nun soll ich wach sein, obwohl ich endlich müde bin, nun soll ich Materie schlucken, obwohl ich dazu keine Lust habe und dabei immer wieder einschlafe. Aber so oft ich auch einschlafe, so oft werde ich erbarmungslos geweckt, bis mein Körper endlich mit der vorgeschriebenen Menge Materie abgefüllt ist. Meine Mutter will sich nichts vorwerfen lassen. Schließlich soll ich ja groß und stark werden, wie Sie, verehrter Leser, ja inzwischen wissen.

Werde ich mich mit meinen Eltern jemals so verstehen und in Harmonie leben können, wie ich es von zu Hause kenne? Werde ich diese Menschen jemals begreifen, und werden diese Menschen jemals mich begreifen?

Meine Eltern wollen alles tun, damit ein ordentlicher Mensch aus mir wird. Ein „nützliches Mitglied der menschlichen Gesellschaft", auf das sie stolz sein können, spüre ich sie sagen. Sie wollen sich nichts zu Schulden kommen lassen. Und so nimmt meine ständige Dressur zum systemkonformen Nutzmenschen ihren Lauf.

Ein weiterer Dressurakt gelingt meiner Mutter, indem sie mich dazu bringt, die übelriechende Materie, die ich meist sogar mehrmals täglich ausscheide, in ein dazu vorgesehenes Töpfchen zu platzieren und nicht mehr einfach hinter mich zu lassen.

Mein erster großer Wurf wird gebührend gefeiert, ja sogar bis zum Abend hin aufgehoben und dann auch von meinem Vater anerkennend bewundert. Seltsame Menschen.

Sogar ein Häuflein übelriechender Ausscheidung kann sie entzücken, wenn ich es nur ihren Erwartungen gemäß hinter mich lasse. Dabei haben sie doch selbst hineingestopft, was da aus mir herauskommt.

Alle versichern mir natürlich, wie lieb ich bin, wie toll ich das gemacht habe und dass ich nun schon ein großer Junge sei. Ist es etwa das, was die Menschen als groß und stark bezeichnen, rechtzeitig diesen Topf zu treffen?

Die nächste Freude über einen weiteren Dressurakt löse ich dann mit dem einfachen Wort „Mama" aus. Zwar noch recht undeutlich, aber meine Mutter interpretiert es großzügig als das, was sie hören will. Schließlich hat sie es mir ja mindestens tausendmal vorgesagt, und das dürfte selbst für einen Wellensittich reichen, wie sie meint. Aber was ist nun wieder ein Wellensittich?

Ich habe mir nun immerhin schon zwei Möglichkeiten erarbeitet, mit denen ich bei meiner Mutter so etwas wie Wohlgefallen und Zuneigung auslösen kann. Etwas, das ich bisher nicht bei ihr gespürt habe. Und so nutze ich diese Möglichkeiten, so oft es geht. Mit dem „Mama-Geplapper" hatte ich dabei keinerlei Schwierigkeiten.

Mit der Topfdressur klappt es hingegen nicht immer, was mir dann wieder das genaue Gegenteil von Wohlgefallen und Zuneigung einbringt. Also, wenn mir einmal etwas gelungen ist, muss es mir offensichtlich immer gelingen, oder ich löse höchste Missbilligung aus. Wäre es dann nicht das Einfachste, es gelänge mir von vornherein gar nichts? Aber dazu ist es nun zu spät.

Ich erinnerte mich bei diesem Gedanken an die Seele, die den Körper des Mädchens angenommen hatte, das auf der Babystation neben mir lag. Sie hatte beschlossen, den Menschen zu absolut gar nichts zur Verfügung zu stehen. Sie wollte ihre totale Verweigerung konsequent durchziehen. Sie wollte das seltsame Spiel keinesfalls mitmachen. Offensichtlich hatte sie auf dieser Erde schon mehr Erfahrungen gesammelt als ich.

Aber ich habe nun einmal angefangen, mich darauf einzulassen, und so erfasst meine Dressur immer weitere Bereiche meines irdischen Lebens. Laufen lernen steht nun auf der Tagesordnung.

Bin ich auch in der unbeweglichen, schweren und dichten Materie meines Körpers gefangen, so lerne ich jetzt zumindest, die Materie dieses Körpers in eine bestimmte Richtung zu bewegen. Der Körper hängt zwar immer noch wie eine Klette an mir, ich kann ihn nicht abschütteln, aber ich kann ihn zumindest zu etwas hinbewegen, das mich interessiert. Meist auf allen Vieren. Aber auch hierbei laufe ich Gefahr, den Unwillen meiner Mutter zu erregen. Wenn ich dabei etwas in den Griff bekomme, was mir nicht zugedacht ist, erregt ist sie immer sehr schnell.

Die unausweichliche Folge ist ein Laufstall, in den ich eingesperrt werde. Meine beginnende und hart erarbeitete Freiheit wird erneut begrenzt. Auch Tiere werden in einen Laufstall eingesperrt und gut gefüttert, damit sie groß und stark werden. So habe ich es jedenfalls bei einem Sonntagsausflug im Zoo gelernt. Was hatte man mit mir vor? War ich durch meine Topfdressur nicht schon groß und stark genug?

Als ich dann in meinem Laufstall immer mehr und in immer größer werdender Lautstärke die erste Revolution meines Lebens probe, bekomme ich ein so genanntes Laufgeschirr. Soll ich jetzt vielleicht auch noch das Bellen lernen? Der Hund von Gegenüber läuft genauso herum, wenn sein Frauchen ihn ausführt. Vielleicht schnuppert er deshalb so interessiert an mir, wenn wir uns begegnen. Er schnuppert wohl so etwas wie Verwandtschaft. Zumindest sind wir – unserer Bewegungsfreiheit gleichermaßen beraubte – Leidensgenossen.

Nun, ich will Sie nicht mit allzu vielen Detailschilderungen langweilen. Sie können sich vorstellen, wie die einmal begonnene Dressur ihren weiteren Lauf nimmt. „Vernünftig essen lernen" steht als nächster Programmpunkt an. Die Dramen, die sich dabei abspielen, übertreffen jede gewollte Komik. So etwas kann man nicht erfinden.

Habe ich mich endlich daran gewöhnt, dass ständig Materie in meinen Körper hineingefüllt und übelriechend wieder

ausgeschieden wird, so soll ich diesen sinnlosen Dauerstress nun selbst in Schwung halten.

Meine damals schon zweifellos vorhandene Intelligenz lässt mich folglich versuchen, die Materie gleich dort zu platzieren, wo sie nachher ohnehin landen wird. Eine vor mir stehende Schüssel mit widerlich grünem Spinat, den ich ohnehin hasse, kippe ich kurzerhand um und lasse den Inhalt in meinen Schoß rinnen. Der direkteste aller Wege – empfand ich jedenfalls – und dazu noch ohne jede Geruchsumwandlung.

Mein sichtlicher Stolz auf diese Intelligenzleistung wird von meiner Mutter jedoch in keiner Weise geteilt. Sie wird mehr als böse, schreit mich an, schlägt mir rechts und links ins Gesicht und lässt mich auf meinem Kinderstuhl, auf dem ich auch eingesperrt bin, sitzen. Ich soll so sitzen bleiben, bis mein Vater von der Arbeit kommt und sieht, was für ein großes Schwein ich bin.

Ich kann nur noch weinen, erbärmlich weinen, aber niemand erbarmt sich. Ist das die Welt, in der ich Liebe und Mitgefühl erlernen soll? Ich weiß heute nicht mehr, wie die Geschichte damals ausgegangen ist. Ich habe sie überlebt, wie ich so vieles überlebt habe.

Liebe Menscheneltern,

wie oft klagt und leidet ihr, wenn euch ein Unglück widerfahren ist oder wenn euch Unrecht getan wurde.

Natürlich handelt es sich bei euch immer um wichtige Dinge. Euer Auto wurde demoliert, die Wohnung wurde euch gekündigt, ihr seid erkrankt, eine Trennung steht ins Haus, der unverschämte Nachbar usw. usw.

Mehr oder weniger harte Eingriffe in euer Leben, die ihr aus eurer ganz persönlichen Perspektive fühlt, bewertet und entsprechend darunter leidet.

Wir Kinder haben eine ganz andere Perspektive, wir sind noch keine Erwachsene. Was für einen Erwachsenen wichtig ist, kann für uns Kinder völlig unwichtig sein. Wir leben in einer eigenen Welt.

Was wir aber mit jedem Erwachsenen gemeinsam haben, ist das Leid, das ihr empfindet, wenn euch etwas widerfährt, das ihr aus eurer Perspektive als Unglück oder Unrecht bewertet.

Es gibt nichts Wichtiges oder Unwichtiges. Es gibt nur das, was jemand als wichtig oder unwichtig empfindet.

Versucht doch deshalb, ein wenig an der Welt eurer Kinder teilzuhaben.

Versucht, deren eigene Wichtigkeiten zu akzeptieren, und es gibt automatisch etwas weniger Leid auf dieser Welt.

Vor Gott ist das Leid eines hilflosen Kindes bedeutender als das Leid eines Erwachsenen.

Galan

Mein Lebensplan

Verlassen wir an dieser Stelle für einen Augenblick die chronologische Abfolge meiner Lebensgeschichte und machen wir uns einmal den jeder menschlichen Existenz zugrunde liegenden Sinn bewusst.

Keine Seele kommt sinn- oder gar planlos auf diese Erde. Im gesamten Universum geschieht nichts sinn- oder planlos. Alles geschieht innerhalb einer allumfassenden Ordnung. Alles geschieht nach festen Gesetzmäßigkeiten. Gäbe es auch nur so etwas wie die Möglichkeit eines Zufalls, würde alles zusammenbrechen. Die Quelle dieser Ordnung können wir nur als „Gott“ bezeichnen.

Aber was hatte Gott mit mir vor? Was war die Ordnung, der ich mich zu stellen hatte oder, anders herum gefragt, was war bei mir noch nicht in der Ordnung und musste korrigiert werden? Einen Pensionsanspruch auf der göttlichen Ebene hatte ich ja offensichtlich noch nicht erworben, so gerne ich dort auch geblieben wäre.

Nun, es gab zwei Gründe. Zunächst einmal hatte ich mir in meinen früheren Erdenaufenthalten – und das vor allem in meiner fürstbischöflichen Zeit in Salzburg, über die ich Ihnen später noch ausführlich berichte – nicht nur Verdienste erworben. Es gab da mit Sicherheit einiges, was des dringenden Ausgleichs bedurfte. Sie kennen das Gesetz von Ursache und Wirkung, nach dem wir für gesetzte Ursachen zwangsläufig die entsprechenden Wirkungen empfangen. Ich konnte nur hoffen, dass die unermessliche Güte Gottes diese Wirkung nicht allzu hart ausfallen ließ und hier und da vielleicht sogar ein Auge zugedrückt würde. Beide Augen wären mir natürlich noch lieber gewesen. Aber auch göttliche Güte sollte man nicht überstrapazieren.

Mit Sicherheit standen Themen wie Demut, Liebe und Mitgefühl auf meinem Lern- und Ausgleichsprogramm, denn als Fürstbischof hatte ich die Nase doch recht hoch getragen, und gerade dieser so wichtige Lernstoff war mir zeitweise völlig entglitten.

Zum anderen ließ sich dieser für mich nun auszugleichende Lernstoff in wunderbarer Weise mit dem kombinieren, was im Moment generell in der Entwicklung der gesamten Menschheit anstand. Ich konnte also bei meinem eigenen Kontenausgleich vieles weitergeben und damit auch anderen Menschen helfen. Durch meine früheren Rollen war ich bestens vorbereitet.

Also, Gott, dem man in manchen Dingen eine gewisse Schlitzohrigkeit durchaus nicht absprechen kann (wenn wir uns erlauben, einmal in unseren menschlichen Begriffen zu denken), konnte zwei Fliegen mit einer Klappe schlagen. Ich ging zum Nachsitzen, um meinen vernachlässigten Lernstoff nachzuholen, und gleichzeitig konnte ich dabei andere Menschen ein Stück auf meinem Weg mitnehmen.

Alles ist ineinander verwoben. Nichts geschieht isoliert. Wir sind immer in der Einheit, auch wenn wir dies nicht immer spüren.

Also musste zunächst einmal der richtige Einstieg, das heißt die richtige Startposition für mich gefunden werden. Die Familie, in die ich hineingeboren werden sollte, musste genau die für mich notwendige Erfahrung, musste genau den für mich jetzt anstehenden Lernschritt möglich machen.

Nun sollte man doch annehmen, dass dies eine Familie sein musste, in der zumindest meine zentralen Lernthemen Demut, Liebe und Mitgefühl praktiziert wurden. Diese so logisch klingende Annahme ist leider grundsätzlich falsch, und auch dies hat wiederum etwas mit der göttlichen Ordnung zu tun.

Würde ich in eine Familie hineingeboren werden, in der ich Liebe und Mitgefühl bereits mit der Muttermilch einsaugen durfte, wäre die spätere Entwicklung dieser Eigenschaften keinerlei Verdienst für mich.

Dies wäre zu einfach. Damit hätte ich mein Konto nicht selbst ausgeglichen. Es musste also ein Weg sein, der meinen eigenen Beitrag verlangte, denn nur der eigene Beitrag ist ausgleichend, besonders wenn er mit Mühen und Selbstdisziplin verbunden ist. Absolut gerecht, denn unser Konto wurde ja auch umgekehrt nicht mit Dingen belastet, für die wir nicht selbst verantwortlich waren.

Und so war es nicht verwunderlich, dass ich einer Mutter zugeordnet wurde, die das genaue Gegenteil von Demut, Liebe und Mitgefühl praktizierte. Sie sagte mir wörtlich: „Liebe gibt es nicht, so was ist Quatsch.“ Danach lebte sie und danach erzog sie mich. Das war die Wahrheit, in der ich aufwuchs.

Im Prinzip hielt sie mir noch einmal den Spiegel aus meiner Salzburger Zeit vor. Viel anders konnte ich mich dort auch nicht aufgeführt haben, oder ich hätte diesen Lernstoff nicht bekommen. Natürlich konnte ich als Fürstbischof von Salzburg, der mit eigener Armee sein Land zu schützen, seinen Besitz auszuweiten und seinen Ruhm zu mehren hatte, nicht gerade zimperlich sein. Die benachbarten Bayern warteten nur auf eine Schwäche von mir, und selbst den eigenen Untertanen war nicht immer zu trauen. Schwäche durfte ich keinesfalls zeigen.

Für diese Mutter konnte ich also nur dankbar sein. Aber um dies zu erkennen, brauchte es bei mir ungefähr fünfzig Lebensjahre. Gott hat unendliche Geduld. Ich hatte sie leider nicht. Ich habe die Hälfte meines Lebens mit ihr gehadert – bis ich endlich verstand.

Mein Vater spielte in meinem Lebensplan offensichtlich keine Rolle. Er wollte nur seine Ruhe und wurde mit der Zeit zu einem willfährigen Werkzeug meiner Mutter. Wenn sie wieder einmal „ihre Herzschmerzen" bekam, woran ich nach ihrer Darstellung natürlich Schuld hatte, ging mein Vater wutentbrannt auf mich los und kannte weder verbal noch physisch irgendwelche Grenzen. Ich erinnere mich daran, dass er einmal mit einem Ziegelstein in der Hand hinter mir herlief, um mich zu erschlagen, worauf sich dann meine Mutter heldenhaft dazwischen warf. Ihre Inszenierungen endeten immer mit einem großartigen Auftritt ihrerseits.

Eine zunächst recht sonderbar anmutende Startposition, um Liebe, Mitgefühl und Demut zu erlernen. Aber in gewisser Weise auch wiederum einfach: So wie meine Eltern wollte ich auf gar keinen Fall werden. So wie sie wollte ich auf gar keinen Fall leben. Aber ich musste mir den Weg auf die Gegenseite selbst erarbeiten. Er sollte mir nicht geschenkt werden, und darin lag, wie wir ja bereits festgestellt haben, der wirkungsvolle Ausgleich meiner eigenen Konten. Erst darin lag die Erfüllung meiner Lernaufgabe.

Wir können bei solchen Aufgabenstellungen ganz beruhigt sein. Es wird uns in unserem Lebensplan niemals eine Aufgabe zugeordnet, der wir nicht auch gewachsen wären. Gott ist nicht unfair. Wir werden nicht überfordert.

Die Aufgaben wachsen mit unserem Erfahrungsstand, und ich war erfahren genug, die negative Ausgangsposition, an der ein anderer Mensch vielleicht bereits in der Kindheit zerbrochen wäre, ins Gegenteil zu verwandeln.

Solange wir noch zu Hause sind, solange wir uns noch auf der unbegrenzten göttlichen Ebene befinden, sind Ablauf und Inhalt eines anstehenden Erdenbesuchs auch für uns selbst vollkommen überschaubar.

Die gesamte Lebensspanne von Zeugung bis Tod mit all ihren Begegnungen und Abläufen liegt wie ein offenes Buch vor uns.

Wir wissen genauestens, was uns erwartet. Das Gleiche gilt natürlich auch für die Rückschau auf unsere vergangenen Erdenbesuche. Wir wissen, was wir auszugleichen haben.

Es gibt dabei keine Zeit. Zeit ist eine Erfindung der begrenzten, menschlichen Ebene.

Auf der unbegrenzten, geistigen Ebene erkennen und bejahen wir selbst die Notwendigkeit und den Inhalt eines anstehenden Erdenaufenthalts. Allerdings verblasst diese Kenntnis im Moment der Annahme eines entstehenden menschlichen Körpers immer mehr, bis sie dann in der Regel nach einiger Zeit völlig erloschen ist.

Ein sinnvoller Schutzmechanismus. Würden wir mit all unseren Kenntnissen aus Gewesenem und Zukünftigem auf dieser Erde herumlaufen, würden wir nach dem heutigen Verständnis der Schulmedizin wohl in der geschlossenen Psychiatrie landen. Nur sehr erfahrene Seelen können damit umgehen.

Aber wie ging es nun weiter mit mir?

Das Heranwachsen meines Doppel-Ichs

Im weiteren Verlauf meiner Entwicklung, richtiger gesagt der Entwicklung meines materiellen, menschlichen Körpers, lag eigentlich nichts Ungewöhnliches. So bestätigte es jedenfalls der Kinderarzt. Was sollte er auch anders sagen? Das, was er studiert hatte, bezog sich ja ausschließlich auf den kindlichen Körper.

Über den Bewohner dieses Körpers hatte er während seines Studiums nichts Wesentliches gelernt. Dabei wäre diese Ebene eines heranwachsenden Menschen doch zumindest ebenso wichtig, wenn wir dabei einmal bewusst von einer Rangfolge der Wichtigkeiten absehen wollen. Zumindest wäre eine Gleichrangigkeit angezeigt.

Aber die kinderärztliche Begutachtung war eine reine Fleischbeschau: Irgendwie erinnerte mich das an die Begutachtung meines kleinen Körpers, als er nach der Geburt an den Füßen hochgehalten wurde. Diesmal allerdings durfte ich auf meinen kleinen Füßen stehen bleiben. Immerhin ein Fortschritt. Größe normal, Gewicht normal, Verdauung normal, Gesamteindruck normal, keine auffälligen Krankheiten oder Verhaltensmuster – also Kind normal und Mutter zufrieden. Man konnte ihr nichts vorwerfen. Offensichtlich hatte sie alles richtig gemacht.

Ich (oder vielmehr „er") erlernten nun zwangsläufig die menschliche Sprache oder zumindest das, was meine leibliche

Mutter darunter verstand. Sie sprach ausschließlich rheinisches Platt. Wenn sie dann bei Gelegenheit versuchte, etwas vornehmer zu wirken, sich in Hochdeutsch ausdrückte und dabei alles miteinander vermischte, wirkte das so komisch, dass man nur lachen konnte. Das fand sie dann wiederum gar nicht komisch. Ein ziemlich häufiger Konflikt, denn sie hielt sich im Kern für etwas Besseres und fühlte sich anderen stets überlegen. Ein stichhaltiger Grund dazu war allerdings nirgendwo zu erkennen.

Folglich war die erste Sprache, die ich bzw. der Verstand meines kleinen Körpers erlernte, das rheinische Platt. „Muttersprache" im engsten Sinne des Wortes. Ich lernte darin meine Bedürfnisse auszudrücken und babbelte dabei auch so manches vor mich hin, was im Anfang meiner Sprachübungen wohl niemand so recht verstehen konnte. Aber so ganz falsch konnte dieses Gebabbel nicht gewesen sein, denn so manches wurde sogar von den Erwachsenen übernommen, wenn sie mit mir sprachen. Ausdrücke, die ich erfunden hatte, benutzten sie nun selbst. Können Sie sich vorstellen, was z. B. ein „Baddebabbel" ist? Ganz einfach: ein Bademantel, dessen Aussprache mir Schwierigkeiten bereitete. Nachdem ich diese neue Bezeichnung geboren hatte, benutzten sie alle.

Aber sind es wirklich meine Bedürfnisse, wenn ich z. B. sage: „Werner lieb", „Werner Hunger", „Werner müd" usw.?

Werner ist der Vorname, den man meinem Körper gegeben hat. Genauer gesagt hat man ihn „Hans Werner" getauft. Meine Mutter hält sich streng daran, mich auch mit diesem vollen Vornamen anzureden. Ich hingegen kann diesen Namen – übrigens bis heute - nicht ausstehen. Schon frühzeitig habe ich eine tiefe Aversion gegen diesen Namen entwickelt. Warum, weiß ich bis heute nicht so recht, wenn auch mein Verstand inzwischen eine Erklärungsmöglichkeit gefunden hat.

Die Ansprache meiner Mutter variiert ihrer jeweiligen Stimmungslage entsprechend. Ein scharf und laut gesprochenes „Hans“ Werner, mit der Betonung auf „Hans“, soll mich unmittelbar bei etwas stoppen. Entrüstung schwingt hingegen in ihrer Stimme wenn die Betonung auf Hans „Werner“ liegt. Feinheiten, die ich sehr schnell und richtig zu deuten lerne.

Ihre Ansprache schwankt meist zwischen Stopp und Entrüstung. Größere Variationen gibt es nicht. Das macht es etwas leichter für mich. Eine liebevolle oder gar zärtliche Variante oder zumindest etwas Neutrales in der Mitte ist mir nicht in Erinnerung. Vielleicht noch, wenn sie mich jemandem vorstellte: „Das ist unser Sohn Hans Werner.“ Dabei waren dann Hans und Werner gleich betont. Vermutlich hat meine Aversion gegen diesen Namen weniger mit dem Namen selbst als vielmehr mit der Art seines Gebrauchs durch meine Mutter zu tun. So meint es heute jedenfalls mein Verstand.

Aber bin ich wirklich dieser „Hans Werner“? Bin ich wirklich der, der sprechen lernen soll? Bin ich wirklich der, der laufen und essen lernen muss?

In meinem wahren Zuhause konnte ich mühelos mit allen und allem kommunizieren. Ohne Schwierigkeit konnte ich mich frei und grenzenlos bewegen, und so etwas wie Nahrungsaufnahme war dort ganz und gar unbekannt. Alles existierte im gleichen göttlichen Licht, alles existierte in der allumfassenden gleichen göttlichen Energie. „Ich war göttliche Energie“, und ich bin immer noch diese gleiche und unvergängliche göttliche Energie, auch wenn ich nun in diesem Körper stecke. Warum soll ich all diesen nutzlosen Kram erlernen? Ich hatte doch kein Problem!

Hans Werner ist doch nichts anderes als der Name des materiellen Körpers, den „ich“ vorübergehend als Wohnung genommen habe. Der Körper, den man mir zugeteilt hat, damit ich hier auf dieser Erde Liebe und Mitgefühl praktizieren lerne. Damit ich Versäumtes nachholen kann. So jedenfalls meine leider immer mehr verblassende Erinnerung. Jedenfalls ist mir immer noch bewusst, dass ich all dem einmal zugestimmt habe, und das kann ich selbst inzwischen immer weniger verstehen.

Hans Werner ist also keinesfalls ich. Nun aber beginnt dieser Hans Werner das Gefühl zu entwickeln, dass er selber jemand sei. Eine unverschämte Anmaßung. „Ich" bin das Leben in diesem Körper. Wenn ich wieder gehe, bleibt von seiner Wichtigkeit nichts übrig. Was will dieser Kerl?

Also beobachte ich diesen Hans Werner sehr kritisch und sehr genau. Ich halte Abstand zu ihm. Bin vorsichtig. So teile ich meiner Mutter genau mit, wenn ich feststelle, dass „Werner müd" ist. Oder auch wenn ich den Eindruck habe, dass „Werner lieb" ist – oder zur Vorsicht doch besser lieb sein sollte.

Ich berichtete ihr über diesen Werner – oder wie meine Mutter ja so großen Wert darauf legt – über diesen „Hans Werner". Aber was hat das alles mit mir zu tun? Ich habe nur Schwierigkeiten durch ihn. Noch einmal: „Ich bin nicht er." Mag er mich doch bitte in Ruhe lassen.

Meine Mutter merkt offensichtlich nichts von meinen Schwierigkeiten mit diesem Kerl. Für sie bin ich ganz offensichtlich nur der heranwachsende Körper, den sie geboren hat. Sie traut mir immer nur das zu, was man einem Körper in diesem Alter halt so zutrauen kann. In ihren Augen verstehe ich ja noch nichts. Ich bin ja noch klein. Manchmal ist das natürlich auch ein Vorteil, der mir einen gewissen Freiraum schafft.

Aber selbst wenn meine Mutter wüsste, was ich alles verstehe, würde sich dann etwas ändern? Könnte sie sich überhaupt ändern, oder ist sie ganz einfach so? Sind etwa alle begrenzten Menschen so? Zumindest die Erwachsenen? Zählt für sie nur der Körper?

Mein Hans Werner wird indessen immer unverschämter, und dabei wird er von meiner Mutter auch noch kräftig unterstützt. Sie weiß halt nicht anders. Wenn ich ihr wieder einmal zu verstehen gebe, dass Werner müde ist, korrigiert sie das und möchte, dass ich sage: „Ich bin müde." Unsinn, denn „ich" bin ja gar nicht müde. Ich weiß nicht einmal, wie das gehen sollte. Es ist doch nur der Körper, der müde ist. Warum treibt sie diesen Unfug auf die Spitze?

Im Gegenteil freue ich mich sogar, wenn Werner müde ist. Wenn er müde ist, kann ich richtig aufatmen. Er quatscht mir dann nicht mehr dazwischen. Wenn er in einen Tiefschlaf verfällt, darf ich sogar wieder einen kleinen Ausflug machen. So wie ich es auch schon im Bauch meiner Mutter getan habe. Ich kann diesen kleinen Körper für kurze Zeit verlassen und mal wieder frei durchatmen. Ich habe Ihnen ja schon darüber berichtet, dass diese Momente leider immer seltener geworden sind.

Schon im Mutterleib hätte ich es ohne diese Freizeit nicht ausgehalten. Auch darüber habe ich Ihnen berichtet. Wenn ich die Macht hätte, die Silberschnur, die mich bei meinen Ausflügen an diesen Hans Werner bindet, zu durchtrennen, ich würde es zweifellos tun. Freunde werden wir beide wohl nie. Wir sind einfach zu unterschiedlich. Damit Sie meine Dauer-Auseinandersetzung mit diesem Werner etwas besser verstehen, ja vielleicht sogar ein wenig mitfühlen können, möchte ich Ihnen Folgendes berichten:

Die fast gleichaltrige Tochter unserer Nachbarin war bei uns zu Besuch. Wir durften und sollten miteinander spielen, was wir auch ausgiebig taten. Für uns beide ein recht seltenes Angebot, das wir instinktiv nutzten. Wir hatten keinerlei Verständigungsschwierigkeiten, und in unserem Spiel vergaßen wir die Welt um uns herum. Wir waren wieder ein Stück zu Hause. Leider aber vergaß die Welt uns nicht.

Da wir beide in unserem Energiefeld weder „dein“ noch „mein“ kannten, hatte ich meine kleine Freundin mit reichlich Spielkram bedacht, den sie nun am Ende unserer Spielzeit auch mitnehmen sollte und wollte. Für mich ganz selbstverständlich. Für unsere Eltern aber keineswegs. Von beiden Seiten erhielten wir eine Lektion in „mein“ und „dein“. Wobei mein Hans Werner das völlig anders aufnahm als ich.

Er fühlte sich in seiner Wichtigkeit bestätigt, als man ihm bedeutete, dass bestimmte Dinge ihm ganz alleine gehörten und er sie nicht einfach verschenken dürfe. Schließlich wären sie ja auch ganz schön teuer gewesen. Ich hingegen fand das höchst lächerlich. Dieser Spielkram hatte doch nur dann einen Wert, wenn man zusammen mit jemand damit spielen konnte. Alleine machte das viel weniger Spaß. Ich kannte kein Mein und kein Dein, und was sollte das nun wieder bedeuten, dass es teuer gewesen sei? War ich daran schuld?

Wenn schon dieser Körper nicht zu mir gehört, wie soll dann irgendein Stück Holz oder Blech zu mir gehören? Wie könnte ich so etwas als „mein“ betrachten?

Zudem ist es doch sinnvoller, wenn jeder mit dem spielen kann, zu dem er gerade Lust hat. So ist doch am Ende für alle mehr statt weniger vorhanden. Aber ich wusste zu dieser Zeit noch nicht, was ich später umso schmerzhafter erfahren musste.

Die meisten Menschen neigen dazu, immer mit dem spielen zu wollen, mit dem gerade ein anderer spielt, wobei sie auch bei dem, was sie Liebe nennen, keine Ausnahme machen.

Aber dazu kommen wir sicher noch. Auch in diesem Bereich blieben mir und meinem Hans Werner gewisse menschliche Erfahrungen nicht erspart. Lassen wir uns also ruhig Zeit, obwohl auch das ein Begriff ist, den ich mühsam erlernen muss. In meinem Zuhause gab es keine Zeit.

Sicher wundern Sie sich, warum mein Vater in meinen Berichten nie auftaucht. Die Erklärung ist ganz einfach. Er war zum Krieg eingezogen worden. Hatte sich sozusagen aus meinem jungen Leben verabschiedet. Meine Erinnerung an ihn verblasste erstaunlich schnell, zumal er nie wirklich eine Rolle gespielt hatte, was kein Vorwurf gegen ihn sein soll. Meine Mutter war so etwas wie die Alleinregentin, der sich alles unterzuordnen hatte.

Ich wurde im September 1937 aus dem Bauch meiner Mutter gezogen, und der dann tobende Krieg veränderte bald auch sehr abrupt mein Leben. Während ich mit meiner Mutter bei einem Bombenangriff im Luftschutzraum unsers Kellers saß, wurde das über und neben uns stehende Haus von einer Bombe getroffen und vollständig zerstört.

Staub, Lärm, Dunkelheit, Panik, schreiende Menschen und herabbrechende Decken lösten einen so gewaltigen Schock in meinem Hans Werner aus, dass er seine Sprache total verlor. Er konnte keinen Ton mehr herausbringen. Er war und blieb stumm.

Es ist mir auch heute noch gegenwärtig, dass wir nach einiger Zeit durch ein sehr enges Loch aus diesem Keller herausgezogen wurden. Eine zweite Geburt sozusagen. Auch heute noch löst die Vorstellung, irgendwo bewegungsunfähig eingeschlossen zu sein, große Panik in mir aus.

Seine Stummheit ersparte mir zunächst einmal die üblichen Meldungen über das Befinden meines Hans Werner an meine

Mutter, was nicht unbedingt ein Nachteil war. Ja, sie ersparte mir sogar die gesamten üblichen Auseinandersetzungen mit meiner Mutter. Ich war sozusagen neutralisiert. Ich stand nicht mehr zur Verfügung. Hatte ich nicht im Stillen immer das Mädchen von der Babystation beneidet, das seine totale Verweigerung beschlossen hatte? Sie erinnern sich noch?

Diesen wunderbaren Zustand nutzte ich natürlich reichlich aus. Eigentlich wollte ich gar nicht mehr sprechen. Wozu auch? Ich hatte meinen Frieden. Meinem plappernden Hans Werner war damit das Mundwerk gestopft, und ich musste auch nicht mehr darauf achten, meiner Mutter die richtigen Antworten zu geben, um nicht in Ungnade zu fallen.

Aufgrund des Zustandes von Hans Werner wurden meine Mutter und ich dann aus der Bombenzone abgezogen und nach Lengfurt am Main evakuiert. Kein Zuckerschlecken, wie man meinen könnte. Auf einem kleinen Anwesen mit Metzgerei und Gastwirtschaft wurden wir zwangsweise einquartiert. Die Besitzer waren nicht gefragt worden und hätten uns am liebsten zur Hölle geschickt. „Bombenweiber“ nannten sie die Frauen, die dort mit ähnlichen Schicksalen landeten.

War ich schon durch meine Sprachunfähigkeit zu einem Außenseiter geworden, so wurde diese Rolle durch unsere Zwangseinquartierung noch verstärkt. Es fiel gar nicht auf, dass ich nicht sprechen konnte. Es sprach ohnehin niemand mit mir. Ich erinnere mich noch genau an einen riesigen Hund, der zum Anwesen gehörte, und mit dem ich so etwas wie Freundschaft schloss. Ich hatte also so etwas wie einen Beschützer, und reden mussten wir beide nicht miteinander. Wir verstanden uns auch so.

In dieser Rolle lernte ich zu beobachten, ohne selbst teilnehmen zu müssen. Etwas, für das ich heute sehr dankbar bin. Ich war zufrieden mit diesem Zustand. Mein Hans Werner leider nicht. Er wollte unbedingt mitmischen, wollte sich ausdrücken, wollte dabei sein, seine Wichtigkeit beweisen usw. usw. Und so ging der Unfriede zwischen uns erneut los.

Es begann die Quälerei des erneuten Sprechenlernens. Es waren einzelne Laute, keine Worte, die dabei herauskamen. Während jeder einzelne Laut, während jede kleine Verbesserung von meiner Mutter gelobt wurde und mein Hans Werner sich dadurch bestätigt fühlte, konnte ich diesem seltsamen Treiben keinerlei Vergnügen abgewinnen. Was sollte dieses Gequake?

Wenn Hans Werner etwas sagen wollte und dabei nur unverständliche Laute herauskamen, lachten die Leute. Im Umgang mit anderen Kindern, dem wir nach meiner Einschulung nicht aus dem Weg gehen konnten, war es noch schlimmer. Sie hänselten ihn mit seinem Problem, gaben ihm einen entsprechenden Spitznamen und provozierten ihn so lange, bis er wieder etwas Unverständliches herausbrabbelte und sie lachen konnten.

Hans Werner zahlte es ihnen dadurch wieder heim, dass er in allen sprachunabhängigen Schulfächern besser war als sie. Die Gnade des Abschreibens gewährte er ihnen dann nur nach dem Grad der Freundlichkeit, den sie ihm entgegenbrachten. Wir erkauften uns sozusagen ihre Freundlichkeit. Freundlichkeit als Handelsware. Es geht wahrlich seltsam zu auf dieser Erde. Mir wäre es ziemlich egal gewesen, was die anderen Mitschüler über uns dachten.

Spätestens in dieser Lebensphase verlor ich leider die klare Trennung zwischen ihm, dem begrenzten Hans Werner, und mir, dem unbegrenzten, geistigen Wesen.

Sie werden schon gemerkt haben, dass in meinen letzten Berichten das „Ich“ und „Er“ etwas durcheinander geriet und plötzlich ein „Wir“ auftauchte. Hans Werner versuchte immer drängender, mich zu vereinnahmen. Für ihn gab es immer mehr Dinge, die „wir“ – so versuchte er mich auf seine Seite zu ziehen – nicht auf uns sitzen lassen konnten. Ihm war es wichtig, dass er gemocht wurde. Ihm war es wichtig, wie andere Kinder von ihm dachten usw. Anfangs konnte ich darüber nur schmunzeln. Warum sollte ich mich in diesen Unfug hineinziehen lassen?

Der Unfug wurde dann vollends zum alles beherrschenden Thema meines Hans Werner, als ihm bei einem Schulsportfest urkundlich bestätigt wurde, dass er am schnellsten in der Klasse laufen konnte. Meinerseits konnte ich nicht einmal im Ansatz erkennen, welcher Sinn darin liegen sollte, am schnellsten laufen zu können. Alles, was wir erreichen wollten, konnten wir doch auch im ganz normalen Tempo erreichen. Die Ansammlung schwerer Materie, die sie auf der Erde als Körper bezeichnen, war doch insgesamt recht träge, ortsgebunden und keinesfalls eine Rennmaschine.

Ich fand sogar das ganze Thema Sport völlig unnütz. Wäre es nach mir gegangen, hätte ich nie daran teilgenommen. Meinem Hans Werner hingegen wurde sogar ein so genanntes „großes Talent“ bescheinigt.

Er müsse nur seinen inneren Schweinehund überwinden. Aber damit konnte doch wohl nur ich gemeint sein. Nicht gerade nett von diesen Talentförderern.

Je mehr ich nun zum Schweinehund deklariert wurde, desto mehr blähte mein Hans Werner sich auf. Ich kann ihm signalisieren, was ich will. Er setzt seinen ganzen menschlichen Ergeiz hinein, mich zu überwinden. Und da er jedes Mal von außen mit Beifall bedacht wird, wenn er mich ausgetrickst hat, wird er immer mächtiger und ich leider immer kleinlauter. Ich komme kaum noch gegen ihn an.

Durch seinen unglaublichen Ehrgeiz entwickelt sich auch unser Sprechvermögen wieder in Richtung Normalität, was er auch reichlich nutzt. Das Traurige dabei ist, dass er immer mehr nur das nachplappert, was man von ihm erwartet.

Meine Mutter spart nicht mit Lob. Sie bestätigt ihm, dass er „so“ ein liebes Kind sei, dass sie „so“ ganz stolz auf ihn sei usw.

Meine ganze Hoffnung auf einen Kurswechsel setze ich in den so genannten Religionsunterricht. Hier geht es doch um die Seele, die jeder Mensch besitzt. Aber eigentlich ist schon diese Formulierung falsch. Es ist nicht der begrenzte, menschliche Körper, der eine unbegrenzte Seele besitzt, vielmehr besitzt die unbegrenzte Seele für kurze Zeit einen begrenzten, menschlichen Körper. Aber die Menschen reden fälschlicherweise meist immer nur von der Seele des Menschen.

Im Religionsunterricht hätte man doch von diesem entscheidenden Unterschied wissen sollen. Immerhin waren es so genannte „Geistliche“, die uns diesen Unterricht erteilten. Sie hätten mich doch auch bei meinem Lernthema Liebe und Mitgefühl, für das ich auf diese Erde gekommen war, weiterbringen sollen. So hatte ich es jedenfalls erhofft. Sie müssten doch der geistigen und nicht der körperlichen Ebene verbunden sein. Wenigstens sie müssten mich doch verstehen können.

Spätestens als ein dünner Rohrstock zehnmal zur Strafe in meine offene Handfläche saust, weil ich eine Stelle des Katechismus nicht richtig auswendig gelernt habe, findet auch diese Hoffnung ein brutales Ende. Liebe kann es nicht sein, die diesen Rohrstock schwingt, und Mitgefühl schon gar nicht. Meine angeschwollene und schmerzende Handfläche ist der traurige Beweis des genauen Gegenteils. Warum lässt Gott so etwas auf dieser Erde zu?

Eine erneute Hoffnung keimt in mir auf, als dieser „geistliche Herr" durch eine Ordensschwester mittleren Alters ersetzt wird. Aber es änderten sich nur unwesentliche Dinge. Zumindest schlägt sie nicht mehr mit dem Rohrstock in die Handfläche. Dafür müssen wir uns bücken und dürfen die uns verordneten Schläge auf unserem Hinterteil mitzählen.

So entwickelt sich bei mir schon frühzeitig ein recht ambivalentes Verhältnis zu dem, was die Menschen unter Religion verstehen. Sollte das der Weg zu einer göttlichen Ebene sein, die ich ganz anders in Erinnerung hatte? Wie können die unermessliche Liebe und Güte Gottes und die Bestrafung, die ich erleben musste, zusammengebracht werden? Ich hatte jedenfalls keinen strafenden Gott in Erinnerung.

Interessant ist die Reaktion meines Hans Werner. Als es uns wieder einmal erwischt und Strafe ansteht, gibt er sich selbst die Schuld. Wir hätten halt besser aufpassen sollen. Wir hatten gefaulenzt, statt auswendig zu lernen. Unserer Mutter wollte er auf gar keinen Fall etwas sagen. Und so war es wohl auch bei unseren Mitschülern. Niemand erzählte zu Hause etwas über seine Bestrafung. Die meisten fürchteten wohl eher noch eine zusätzliche Bestrafung, denn der Herr Pfarrer oder die Schwester waren unantastbar. Unmöglich, dass sie Unrecht taten.

Auch unsere Mutter hätte uns sicher noch zusätzlich bestraft. Sie wollte ja stolz auf ihren tüchtigen Sohn sein. Und dann die Schande einer Bestrafung. Sie durfte auf keinen Fall etwas erfahren. Mir jedenfalls wäre es ziemlich gleichgültig gewesen – oder vielleicht inzwischen doch nicht mehr?

Ich muss erschrocken feststellen, dass ich immer mehr so dachte und fühlte wie Hans Werner. Ja, ich identifizierte mich immer mehr mit seinen Problemen und Ansichten. Er reißt die Führung konsequent an sich, und ich habe ihm immer weniger entgegenzusetzen. Während er meist Verständnis und Bestätigung findet, wird es um mich immer einsamer. Ich stehe alleine in dieser seltsamen Welt. Und trotzdem stand ich nie ganz alleine, wie Sie, verehrte Leser, im weiteren Verlauf erfahren werden.

Ich wurde sorgfältig geführt, ich wurde geschützt, ich wurde getragen, was ich aber selbst – und schon gar nicht zur damaligen Zeit – nicht erkennen konnte.

Die großen und kleinen Helfer

Ich betone immer wieder: „Es gibt keinen Zufall." Es gibt nichts, was uns einfach zufällt. Alles ist mit allem verbunden. Alles geschieht innerhalb einer allumfassenden Ordnung. Ohne diese Ordnung würde das Universum zusammenbrechen.

Alles, was uns innerhalb dieser Ordnung erreicht oder berührt, hat eine Bedeutung für uns, oder es würde uns nicht erreichen. Alles, was uns nicht erreicht oder berührt, hat auch keine Bedeutung für uns, oder es würde uns erreichen.

Dies gilt gleichermaßen für das, was wir gerne annehmen und als positiv und wünschenswert für uns einstufen, wie auch für das, was wir lieber nicht empfangen würden. Es gilt ebenso für Glück und Freude wie für Krankheit und Schmerz. Wir sind immer am richtigen Platz. Es gibt keine Irrtümer in unserer Entwicklung.

Auch wenn wir bestimmten Menschen begegnen, mit denen wir besonders gut zurechtkommen – oder mit denen wir umgekehrt gar nicht zurechtkommen –, hat dies einen Sinn für uns, oder sie würden uns nicht begegnen. Im gesamten Kosmos geschieht nichts außerhalb der allumfassenden Ordnung.

Alles berührt das Ganze, und das Ganze wird von allem berührt.

Es ist uns nicht möglich, eine Fliege zu töten, ohne dass dies in der Ganzheit registriert wird. Auch wenn der Ausschlag so gering ist, dass wir ihn nicht messen können. Diese allumfassende Ordnung, diesen allumfassenden Zusammenhang, diesen allumfassenden Raum, in dem alles geschieht, können wir nur als Gott bezeichnen. Nur Gott ist allumfassend. Wenn etwas außerhalb von Gott geschehen könnte, wäre Gott nicht allumfassend.

Allerdings müssen wir, um dies besser verstehen zu können, unsere kleine, begrenzte, menschliche Vorstellung von dem, was Gott ist oder sein könnte, etwas revidieren. Solange wir Gott wie ein menschenähnliches Wesen sehen, das sich in etwas bewegt, sei es in der Vorstellung von einem Himmel oder sonst etwas, denken wir in der falschen Dimension.

Nicht Gott bewegt sich in etwas, alles bewegt sich in Gott.

Ich habe schon an anderer Stelle gesagt, dass ich immer das sichere Gefühl hatte, geführt und geschützt zu werden und völlig unabhängig von den allzu menschlichen Irrungen und Interessen meines begrenzten Hans Werner meinen Weg zu gehen.

Viele der kleinen und großen Hilfen, die mir auf meinem Weg zuteil wurden, habe ich erst nachher als solche erkannt. Es ist mir erst sehr viel später bewusst geworden, was sie für mich bedeuteten. Im Moment des Geschehens oder im Moment der Begegnung war mir ihre Bedeutung noch verborgen.

Bevor ich den weiteren Fortlauf meiner Entwicklung schildere, möchte ich dieses kurze Kapitel nutzen, um derartige Zusammenhänge aufzuzeigen. Seien Sie ganz sicher, auch in Ihrem Leben gab und gibt es solch große und kleine Helfer und Hilfen.

Es gibt niemanden, der nicht geführt wird. Es gibt niemanden, der alleine gelassen wird, auch wenn es seinem begrenzten, menschlichen Ego manchmal so vorkommen mag.

Es bedarf einiger Erfahrung, um diese Hilfen zu erkennen, und manchmal ist es uns selbst dann nicht leicht, sie auch anzunehmen. Ich möchte Ihren Blick dafür schärfen. Ich möchte, dass Sie das, was ich Ihnen hier schildere, mit Ihrem eigenen Lebensweg vergleichen. Ich möchte, dass Sie Ihren Lebensweg einmal kritisch durchleuchten und dass Ihnen die übergeordneten Zusammenhänge bewusst werden. So ergibt dieses Buch einen Sinn. Allein zu wissen, wie es mir ergangen ist, hilft Ihnen nicht weiter. Ihre eigene Führung zu erkennen und daraus Vertrauen zu schöpfen wäre weitaus wichtiger.

Also, bei mir war da zunächst einmal Tante Anna, eine der beiden Schwestern meiner Mutter. Sie wohnte nur wenige Minuten von uns entfernt und war das genaue Gegenteil meiner Mutter. Wenn immer ich in Not war, wenn beim Spielen etwas an meiner Kleidung zerrissen war, wenn etwas schmutzig geworden war, wenn ich etwas verloren hatte, egal, meine erste Hilfe-Station war immer Tante Anna.

Sie konnte unglaublich schnell etwas waschen und wieder trocken bügeln, so dass ich noch rechtzeitig nach Hause kam und einer drohenden Strafe entging. Sie nähte schnell wieder etwas zusammen, damit es unentdeckt blieb usw. usw. Sie war die gute Seele in meinem jungen Leben. Sie praktizierte wahrlich tätige Liebe und Mitgefühl. Bei ihr konnte ich mich ausweinen. Von ihr wurde ich in den Arm genommen und getröstet.

Wenn es einmal ganz finster für mich aussah, ging sie zusammen mit mir nach Hause und versuchte zu vermitteln, wobei sie dann meist mit dem Hinweis, dass sie das nichts angehe, von meiner Mutter hinausgeworfen wurde. Tante Anna kümmerte das wenig. Sie war so etwas gewohnt.

Danke, Tante Anna. Ohne deine Hilfe hätte ich meinem jungen Leben manchmal vielleicht sogar ein frühes Ende gesetzt. Ich weiß es nicht.

Ich habe so etwas nie ernsthaft probiert, obwohl ich, das geistige Wesen in diesem Hans Werner, eine unglaubliche Sehnsucht hatte, nach Hause zu gehen. Aber mein Hans Werner hing irgendwie an diesem Leben. Er hat auch seine guten Seiten, mit denen er mich vor manchem Unsinn bewahrt.

Gehen wir weiter: Meinen Erlebnissen mit dem prügelnden Geistlichen und der Ordensschwester schloss sich lückenlos die Erfahrung mit einem prügelnden Lehrer an, und zwar in der Burgunderschule in Neuß, wohin wir nach Kriegsende zurückgekehrt waren. Büschelerers hieß dieser noble Herr, dessen rot glühendes Gesicht ich noch heute vor mir sehe.

Ebenso wie der geistliche Herr in Lengfurt zelebrierte er Bestrafung per Rohrstock in die Handfläche. Darin hatte er es mit der Zeit zur Perfektion gebracht, denn er zielte vorwiegend auf die Fingerspitzen. Nun kann man dies wohl kaum als Hilfe oder Führung betrachten, und trotzdem gehörte auch er dazu, denn sein Verhalten bereitete den Boden für ein Erlebnis ganz anderer Art.

Die völlig gegenteilige Erfahrung machte ich dann, als wir innerhalb von Neuß umzogen und ich bei Karl Kreiner, dem damaligen Rektor der St. Konrad-Schule, die letzten beiden Schuljahre absolvieren durfte. Er praktizierte eine völlig gewaltfreie Erziehung. Bei ihm gab es nicht einmal eine Pflicht zur Hausaufgabe. Er lehrte uns, dass wir für unseren eigenen Nutzen und nicht für ihn arbeiten sollten. Und ausgerechnet bei diesem so fortschrittlichen Lehrer passierte mir dann ein Missgeschick.

Das heißt, es geschah eigentlich gar nicht bei ihm, sondern bei unserem Lehrer für Musik und Biologie. Aber als Rektor der Schule war er dafür natürlich auch zuständig. Dieser Lehrer für Musik und Biologie genoss leider keinerlei Autorität bei uns Schülern. Er war eine hilflos tragische Figur, und jeder war froh, wenn wir wieder einmal eine Stunde irgendwie gemeinsam überstanden hatten. Er notierte sich eifrig, welcher Schüler sich positiv am Unterricht beteiligte und Interesse zeigte, und dabei stand ich in seiner Statistik immer ganz weit oben. Nicht weil mich z. B. sein Biologieunterricht besonders interessiert hätte. Ich hatte nur ein System entwickelt, das mich immer gut aussehen ließ.

Wenn er uns z. B. etwas über das Leben des Frosches erklärte und seine Unterrichtsstunde sich dem ersehnten Ende näherte, kam seine unvermeidliche Frage, ob denn noch jemand eine Frage hätte. Niemand hatte eine Frage, jeder war froh, es irgendwie überstanden zu haben, nur ich hatte immer eine Frage, und zwar immer dieselbe, was er aber nicht bemerkte. „Was sind die Krankheiten des Frosches (oder was halt gerade durchgenommen worden war), Herr Lehrer?“, war meine Stimme zu vernehmen. „Gute Frage, gute Frage“, murmelte er dann vor sich hin, und mit diesem Gemurmel trug er mich dann wieder einmal als interessierten Schüler in sein Buch ein. So stand ich eigentlich recht gut bei ihm bis . . .

. . . ja bis ich eines Tages, während seines Musikunterrichts, ein kleines Gedicht über ihn verfasste. Er hatte wohl bemerkt, dass ich etwas schrieb, und wollte wissen, was auf dem Zettel stand, den er mir entriss. Wutentbrannt und mit hochrotem Kopf las er mein Werk, verließ das Klassenzimmer und rannte, den Zettel mit spitzen Fingern vor sich hinhaltend, zum Rektor. Als er dann nach einiger Zeit die Klasse wieder betrat, befahl er mir, mich sofort beim Rektor einzufinden. Mir schwante Übles. Ich hatte Angst. Meinem Hans Werner schnürte es die Kehle zu. Was auf dem Zettel stand, habe ich bis heute nicht vergessen:

Unser Trost der Teufelsgeiger, spielt die Sinfonien – leider.
Er spielt sie rauf und runter,
die Klasse ist sehr munter.
Seht wie er seine Geige stimmt,
ein Tränlein ihm im Auge schwimmt.
Die ganzen Drähte sind schon nass,
heirassa das macht viel Spaß.

Mein Rektor Karl Kreiner – im Nebenberuf Mundart-Heimatdichter – schaute mich streng und durchdringend an und ließ mich wissen, dass er mir als Rektor der Schule hiermit einen strengen Verweis erteilen müsse, der auch ins Klassenbuch eingetragen werde.

Dann kam er zu mir, legte mir die Hand auf die Schulter und sagte, auf den Zettel schauend, in rheinischem Platt: „Datt es äver nit schläch, Talent hässte", womit ich wieder in die Klasse entlassen wurde.

Für diesen Mann wäre ich durchs Feuer gegangen. Das war Liebe und Mitgefühl. Das war Verständnis und Augenmaß. Das war Größe. Ich habe noch nie so viele freiwillige Hausaufgaben geschrieben wie bei ihm. Ich bin ihm heute noch zutiefst dankbar. Ohne seine Vorbereitung in Richtung Eigenverantwortung hätte ich die Schule in Köln, von der ich Ihnen noch berichte, nie durchgestanden. Er hat mich erfahren lassen, dass Menschen auch anders sein können. Er hat mein Leben ganz elementar bereichert. Danke, Karl Kreiner.

Mein Hans Werner hatte sich in der geschilderten Situation natürlich schon zutiefst blamiert gesehen. Sicher würde unsere

Mutter in die Schule bestellt werden. Sicher würde sie es dann unserem Vater berichten, sodass am Abend die unvermeidliche Strafe folgen würde. Aber Karl Kreiner tat nichts von allem. Stattdessen gab er mir die Hauptrolle in einem Theaterstück, das die Oberklasse aufführte. Ich durfte darin den Kalif Storch spielen.

Ein anderes Beispiel: Während einer Schriftsetzerlehre musste ich natürlich die Berufsschule besuchen. Eine mir damals höchst willkommene Abwechslung. Immerhin besser als Drucksachen ausfahren, worin der größte Teil meiner Lehre bestand. Dazu hatte ich ein spezielles Fahrrad, das über dem Vorderrad einen großen Kasten hatte, auf dem in großen Buchstaben der Name der Druckerei prangte. Am liebsten lieferte ich solche Drucksachen bei einer Gaststätte „zum Nobber“ aus. Dort wurde mir immer etwas zum Trinken angeboten. Selbstverständlich kein Alkohol.

Mein Berufsschullehrer, der auch hier wieder gleichzeitig der Direktor der Berufsschule war, hieß Seché. Er entstammte einer alten Kölner Drucker- und Buchhändlerfamilie. Er war mir sehr zugetan und hatte immer Mühe, mich in meinen Gedanken und Werken zu bremsen. Ich war immer ein Stück weiter, als der Lehrstoff gerade ging, den er uns in seinem Unterricht anbot. Wir konnten Dinge miteinander erörtern, denen der Rest der Klasse nicht folgen konnte. Er schrieb mir einen Satz in eines meiner Hefte, den ich mir später sogar ausgeschnitten und gerahmt habe. Dieser Satz hieß wie folgt:

„Versuche nicht Stufen zu überspringen – wer einen weiten Weg vorhat, läuft nicht.“

Dahinter stand sein nicht zu übersehendes Zeichen „Sé“. Er muss etwas von meinem Weg gespürt haben. Danke für all seine Hilfe.

Aber es geht weiter: Während meiner Lehrzeit hatten meine Eltern ein Zimmer unseres insgesamt Vierzimmerhäuschens an einen jungen Ingenieur vermietet, der in einer Neußer Landmaschinenfabrik arbeitete. Er sah und spürte wohl meine Probleme, und wann immer er konnte, nahm er mich mit. Zum Radeln, z. B. für ein, zwei Tage mit dem Zelt in die Eifel. Mit dem Bus zum Schifahren ins Sauerland, zu Sportveranstaltungen usw. Natürlich zahlte er dabei für mich, sonst wäre meine Mutter wohl nicht einverstanden gewesen.

Er zeigte mir ein Stück Welt, an dem ich normalerweise nicht hätte teilnehmen können. Bei meinen Eltern hatte sein Wort Gewicht. Wenn er etwas in Bezug auf mich sagte, gab es kaum Widerspruch. Schließlich war er der Herr Ingenieur, und meine Mutter war stolz darauf, dass ihr Hans Werner mit einem Ingenieur unterwegs war. Danke, lieber Günter Hudeck. Du hast mir sehr geholfen. Leider weiß ich heute nicht, wo er abgeblieben ist.

Ich könnte diese Beispiele nun endlos fortsetzen. Aber ich will Sie nicht langweilen. Mir geht es vor allem darum, dass Ihnen ein Prinzip bewusst wird, das mit Sicherheit auch in Ihrem Leben wirksam ist. Ich war nie alleine, und auch Sie sind niemals alleine. Was nicht ausschließt, dass wir uns manchmal alleine fühlen. Aber da müssen wir uns dann fragen, wer sich alleine fühlt. Sie, das unbegrenzte, geistige Wesen, oder er, Ihr Körper, Ihr Theo, Ihre Klara oder welchen Namen man diesem Körper auch immer gegeben hat.

Wichtig ist auch, dass wir unsere begrenzte, menschliche Vorstellung von dem, was uns hilft oder nicht hilft, kritisch hinterfragen. Die Prügler in meinem jungen Leben hatten ebenso eine Funktion, wie Karl Kreiner sie hatte. Ohne meine Erfahrung mit den Prüglern wäre die Erfahrung mit einem Humanisten wie Karl Kreiner nicht so tief gegangen. Alles hat seinen Sinn, und immer geschieht alles innerhalb der allumfassenden Ordnung, und zwar immer nur für uns, niemals gegen uns.

Unser Doppel-Ich aus unbegrenztem Geist und begrenzter, körperlicher Materie hat bei der Bewertung dessen, was mit und was um uns herum geschieht, jeweils völlig unterschiedliche Ansätze.

Heute weiß ich, dass es mir gerade dann, wenn mein Hans Werner über das angeblich ungerechte Schicksal, das ihn gerade traf, stöhnte und lamentierte, am besten ging. Genau das, was er gar nicht akzeptieren wollte und konnte, hat mich die entscheidenden Schritte weitergebracht.

Der Beginn des Irrwegs

Irren ist menschlich, so sagt man. Und so wird alles Menschliche, so wird jedes weitere Wachstum meines Hans Werner zu einem immer schwerer zu korrigierenden Irrtum. Wenn Sie ihn fragen, sieht er das natürlich ganz anders. Für ihn bin ich der Irrtum.

Jedes zur Untermauerung seiner Wichtigkeit geeignete Mittel ist ihm recht. Selbst seine Badehose ziert nun das Freischwimmerabzeichen, damit auch jeder sehen kann, dass er tatsächlich schwimmen kann. Ganze fünfzehn Minuten hat er sich dazu im Schwimmbad über Wasser halten müssen. Urkundlich bestätigt, mit Stempel und Unterschrift der Schule und zum Stolz seiner Mutter, der dies sogar ein paar Mark seltenen Taschengeldes wert war.

Wenn er also etwas tut oder sich so verhält, wie es der Mutter gefällt, kann er dafür sogar Geld bekommen und in Süßigkeiten umsetzen. Wenn er aber etwas tut oder sich so verhält, wie es die Mutter nicht akzeptiert, wird er dafür bestraft.

Auch einen Hund hätte man auf diese Weise konditionieren können, und mein Hans Werner schnappt hungrig nach jedem ausgelegten Köder. Er ist erst zufrieden, wenn man mit ihm zufrieden ist. Wenn man stolz auf ihn sein kann und somit ein paar Krümel der sonst spärlichen mütterlichen Zuneigung für ihn abfallen.

Stolz auf sich selbst oder zufrieden aus sich selbst heraus ist er eigentlich nie. Es bedarf immer der Bestätigung von außen, und wenn diese ausbleibt, gibt es für ihn keinerlei Anlass, stolz oder zufrieden zu sein. Wie könnte er stolz und zufrieden sein, wenn keiner dies bestätigt?

Wenn wir uns einmal das Wort Zufriedenheit etwas genauer ansehen, so besteht dies aus zwei Teilen. „Zu“ und „Frieden“. Es kommt also jemand zum Frieden, wenn er diesen Zustand erreicht hat oder er im Frieden mit sich und der Welt ist. Mein Hans Werner ist in dieser Entwicklungsphase nie im Frieden. Weder mit sich selbst noch mit der Welt, in der er lebt.

Für mich, seinen inneren Schweinehund, als den man mich ja inzwischen klassifiziert hat, ist er so gut wie nicht mehr erreichbar. Wenn ich sehr heftig gegenarbeite, ist er zwar kurzfristig irritiert, schaltet dann aber seinen Verstand ein, der ihm natürlich wieder Recht gibt. Schließlich kann sein Verstand ja anhand seiner gesammelten Erfahrungen in beeindruckender Weise darlegen, welches Verhalten nützlich und welches Verhalten schädlich ist. Er hat seine Erfahrungen ja nicht umsonst gemacht, wie er meint.

So wird mein Hans Werner immer mehr zu einem „Wie hätten Sie mich denn gerne“-Wesen, das keinerlei eigenen Maßstab entwickelt. Der es niemals für möglich hält, um seiner selbst willen gemocht und anerkannt zu werden, sondern der dafür immer eine Leistung zu erbringen hat. „Nur wer was leistet, hat auch das Recht, was zu essen“ und „Liebe gibt es nicht, das ist Quatsch“, so der mütterliche Originalton, der mir noch heute in den Ohren klingt.

Aber ich, das geistige Wesen, habe doch diesen Körper angenommen, um gerade das, was meine Mutter so offensichtlich verneint, Liebe und Mitgefühl, auf dieser Erde zu leben. Bin ich an die völlig falsche Adresse geraten, oder bin ich vielleicht nach der Geburt vertauscht worden und sollte eigentlich eine ganz andere Mutter bekommen? Keine Angst. Ich bin am absolut richtigen Platz und die Erklärung ist einfach. Am Anfang habe ich schon einmal darüber gesprochen. Aber da es so wichtig ist, diesen Zusammenhang auch wirklich zu verstehen, darf ich diese Gedanken noch einmal kurz zusammenfassen.

Die göttliche Schöpfung Erde ist im Prinzip der Polarität angelegt. Liebe und Hass z. B. sind nichts anderes als die beiden extremen Enden ein und derselben Sache.

Wenn es nun unsere Lebens-Lernaufgabe ist, Liebe und Mitgefühl zu praktizieren, werden wir bei der Geburt in der Regel auf den entgegengesetzten Pol gesetzt. Unsere Aufgabe ist es dann, auf die angestrebte Seite zu wechseln. Würden wir gleich auf den Pol Liebe und Mitgefühl gesetzt, wäre damit keinerlei Lernaufgabe und auch keinerlei Verdienst verbunden. Ein Kontenausgleich würde nicht stattfinden. In diesem Sinne war ich also bei der richtigen Mutter.

Aber gehen wir weiter.

Mein Vater – und hier taucht er eigentlich zum ersten Mal wieder auf – wollte, dass ich es einmal besser haben sollte als er. Ich sollte in meinem Beruf nicht wie er einen blauen Arbeitsanzug, sondern einen Kittel tragen. Es ist erstaunlich, dass das menschliche Vorstellungsvermögen in seiner Begrenzung immer nur eine einzige Stufe weitergehen kann. Dass ich vielleicht einmal der Inhaber eines Unternehmens sein könnte, hätte er sich nie vorstellen können. Dies lag völlig außerhalb seiner Vorstellungskraft.

Aber dies ist in allen Bereichen des menschlichen Lebens durchaus normal. Wenn Sie z. B. einmal die Entwicklung des Automobils betrachten, das am Anfang nichts anderes als eine Kutsche war, an die man an Stelle des Pferdes einen viereckigen Kasten angebracht hatte, wird diese Begrenzung mehr als deutlich. Die Kutsche war die gespeicherte Vorstellung für Personenbeförderung, und solche Speicherungen können immer nur schrittweise modifiziert werden. Niemand hat sich hingesetzt und das Automobil erfunden.

Mein Vater hatte in seinem Gelderwerb das auszuführen, was ihm jemand, der einen Kittel trug, vorschrieb. Wenn er es nun schaffen würde, dass sein Sohn einmal einen solchen Kittel tragen würde, ging es diesem Sohn ja dann zweifellos besser als ihm. So einfach kann menschliche Logik sein.

Sie können sich vorstellen, dass mein Hans Werner dem nur zustimmen konnte. Anderen zu sagen, was sie zu tun hatten, war ganz nach seinem Geschmack. Damit war seine Wichtigkeit untermauert. Dass ich aber ganz andere Vorstellungen und ganz andere Ziele hatte, interessierte meinen begrenzten Hans Werner nicht. Schließlich wusste ich, wozu ich gekommen war. Er wusste das nicht oder wollte es auch gar nicht wissen. Jedenfalls konnte ich es ihm nicht deutlich machen.

So wurde ihm dann die elterliche Gnade zuteil, den ehrbaren Beruf eines Schriftsetzers erlernen zu dürfen, was ihn am Anfang sehr glücklich machte. Etwas setzen und drucken zu können, was andere zu lesen hatten, war ganz nach seinem Geschmack. Dass er dabei aber nur das setzen und drucken durfte, was andere ihm vorgaben, war ihm zu diesem Zeitpunkt weder bewusst noch irgendwie wichtig.

Wenn ich vorher gesagt habe, dass ich ja wusste, wozu ich gekommen war, und er leider nicht, so ist das nicht ganz korrekt. Inzwischen war es vielmehr ein Gefühl oder ein Instinkt, der mich leitete. Mein Wissen um die größeren Zusammenhänge, das am Anfang dieses Lebens noch ganz klar vorhanden war, war im Laufe der Zeit immer mehr verschwunden.

Zu meinem Instinkt stellte sich dann in wunderbarer Weise immer mehr die Sicherheit ein, dass ich meinen Weg nicht verpassen würde. Dieses Gefühl lag völlig jenseits der Verstandesebene meines Hans Werner. Mochte er doch lernen, was er wollte. Was hatte das mit mir zu tun?

Die Zeit der Schriftsetzerlehre und die anschließende Berufsausübung können wir relativ schnell übergehen. Natürlich gab es wieder einmal eine Urkunde, den Gesellenbrief natürlich, und vom Zunftmeister wurde er dann auch noch nach altem Brauch gegautscht, worüber es dann wieder eine Urkunde gab, den Gautschbrief. Danach war er nun ein echter Schwarzkünstler, ein Sohn Gutenbergs, den die anderen Zunftgenossen zu ehren und zu achten hatten. Na, welch ein Glück! Auf dem Gautschbrief stand ja nun schwarz auf weiß, dass man ihn zu ehren und zu achten hatte.

Eigentlich hätte er jetzt heiraten, ein Häuschen bauen, Kinder zeugen und Tauben züchten können. Aber ich hatte inzwischen ein paar kleine Tricks entwickelt, durch die ich ihn wieder in meine Richtung steuern konnte.

Es hat eine ganze Weile gedauert, bis ich entdeckte, dass ich nicht ganz so machtlos war und unmittelbar auf die körperliche Materie meines Hans Werner einwirken konnte. Ich konnte ihm auf dieser Ebene ganz schön zusetzen.

Unfair, werden Sie vielleicht sagen. Aber wie sollte ich mich anders durchsetzen? Wie sonst hätte ich meinen Zielen wieder näher kommen können? Ich konnte ihm z.B. erhebliche Kopfschmerzen bereiten, den Rücken lahm legen, ihm Magen- und Verdauungsprobleme bereiten usw. Ich war ihm keineswegs ausgeliefert. Ich konnte mich ganz schön quer legen.

Ich konnte ihn sogar aus dem Verkehr ziehen, und diese neu entdeckte Möglichkeit nutzte ich schamlos aus. In der heutigen Schulmedizin würde man das Spielchen, das ich da mit meinem Hans Werner trieb, als psychosomatische Beschwerden diagnostizieren und die unbewusste Ebene dafür verantwortlich machen. Leider falsch.

Ich war nicht die unbewusste Ebene. Ganz im Gegenteil. Ich war die einzig bewusste Ebene. Unbewusst hingegen war allein mein Hans Werner.

Nun weiß ich nicht, ob Sie den Beruf eines Schriftsetzers kennen. Heute gibt es ihn in dieser Form nicht mehr. Computer haben diese Arbeit übernommen. Aber damals musste mein Hans Werner noch die in Blei gegossenen Buchstaben Stück für Stück mit der Hand aus dem Setzkasten nehmen und in einem sogenannten Winkelhaken aneinander reihen. Spiegelverkehrt natürlich, damit dann der Abdruck wieder normal lesbar war. Dazu stand er acht Stunden an einem Setzkasten, den mit Bleibuchstaben gefüllten Winkelhaken in der linken Hand haltend und immer neue Buchstaben hinzufügend.

Meine Auflehnung gegen seine Tätigkeit, die mich immer weiter von dem entfernte, zu dem ich ja eigentlich gekommen war, bestand nun darin, dass ich ihm solche Schmerzen in die Füße, seinen linken Arm und seine linke Schulter schickte, dass er diesen Beruf zu hassen begann. Sein ganzer Körper krampfte und schmerzte.

Eine berufsbedingte Erkrankung war ärztlicherseits natürlich nicht festzustellen. Organisch war alles in Ordnung. Kein Wunder. Ich war es ja, der auf diesem Weg versuchte, meine Interessen durchzusetzen, und mich, das geistige Wesen im Körper meines Hans Werner, kann bis heute kein Arzt feststellen.

Ich wollte erreichen, dass er mit dieser sinnlosen Zeitverschwendung aufhört. Alles, was er da machte, hätte auch ein anderer machen können. Nichts würde unerledigt bleiben. Dies hatte nichts mit dem Sinn meines Erdenaufenthalts zu tun.

Sein Verstand signalisierte ihm natürlich, dass er ja schließlich davon lebe, dass dies sein Einkommen sei und dass dieses Einkommen, das ihm jeden Freitag in einer Lohntüte vom Meister überreicht wurde, im Vergleich zu anderen Berufen gar nicht so schlecht sei.

Gegen diese Argumentation konnte ich wenig ausrichten. Erstens bestanden die Eltern darauf, dass er seinen Lohn zu Hause ablieferte. Sie hätten schließlich während der Lehrzeit lange genug verzichtet, und zweitens hätte auch ich ohne diesen Lohn nicht viel anfangen können. Einrichtungen wie Bafög und dergleichen gab es zur damaligen Zeit noch nicht.

Nun kommt ein Stück der Führung ins Spiel, die ich so deutlich spürte und die ich bereits angedeutet habe. „Zufällig", so würde es mein Hans Werner bezeichnen, aber ich weiß, dass es keinen Zufall gibt, fiel uns ein Prospekt der Rheinisch-Westfälischen-Werbefachschule in die Hände. Dort wurde eine berufsbegleitende Ausbildung zum Werbeassistenten angeboten, und der Beruf eines Schriftsetzers galt dazu als eine durchaus brauchbare Grundlage.

Dies schien mir der Einstieg zum Selbermachen, statt vorlagengerecht abzusetzen, was andere vorgegeben hatten. Allerdings war diese Schule in Köln angesiedelt. Der Unterricht begann jeden Werktag um 18 Uhr und endete um 21 Uhr. Am Wochenende waren dann die Aufgabenstellungen der Woche in schriftlicher Form durchzuarbeiten, und die ganze Ausbildung sollte sich über drei Jahre erstrecken.

Damals lebte ich brav im elterlichen Haus in Neuß und fuhr täglich mit dem Fahrrad in eine Druckerei nach Düsseldorf. Was wir nun also brauchten, war ein Job in einer Kölner Druckerei. So konnte ich mit dem Zug von Neuß nach Köln fahren, acht Stunden in der Druckerei arbeiten, dort abends zur Schule gehen und später wieder mit dem Zug nach Neuß zurückfahren. Vom Bahnhof Neuß hatte ich noch ungefähr fünfundzwanzig Minuten mit der Straßenbahn zu fahren und noch weitere zehn Minuten Fußweg zum elterlichen Haus. Hatte der Abendzug aus Köln Verspätung, verpasste ich die letzte Straßenbahn und durfte eineinhalb Stunden zu Fuß nach Hause gehen. Mein Hans Werner und ich haben dies trotzdem so gemacht.

Hatte ich ihn durch meine psychosomatischen Spielchen erst auf diesen Weg gebracht, so rächte er sich nun in ähnlicher Weise an mir. Nach ungefähr fünfzehn Monaten Dauerstress machte er nun seinerseits einfach schlapp. Eines Morgens brach er im Zug zusammen, wurde von ein paar freundlichen Helfern in die Kölner Bahnhofsmission und von dort per Krankenwagen in eine Kölner Klinik verfrachtet.

Weitere Einzelheiten dieser Episode dürften für Sie, verehrter Leser, nicht so interessant sein. Beeindruckend ist allein, was mich diese Erfahrung lehren sollte:

„So wie ich den Körper lahm gelegt hatte, so legte der Körper nun mich lahm. Es geht also nur miteinander und nicht gegeneinander." Wir mussten unsere Kriegsspielchen beenden.

Ich hatte meinen Körper schlichtweg überfordert. Ich hatte ihn in meinem ungezähmten Vorwärtsdrang bis an die Grenzen des Möglichen gebracht. Nun forderte er sein Recht. Nun wies er mich in die Schranken. Nun mussten wir Frieden schließen, auch wenn ich das bis dahin nie für möglich gehalten hatte.

Eine große Erleichterung wäre es gewesen, in Köln ein kleines Zimmer zu mieten, um mir die Zeit der täglichen Hin- und Herfahrten zu ersparen. Aber meine Eltern waren damit nicht einverstanden, und ich war noch keine einundzwanzig Jahre alt, um selbst entscheiden zu dürfen. Die gesetzliche Volljährigkeit lag damals bei vollendeten einundzwanzig Jahren.

Meine Eltern hielten die ganze Schule ohnehin für unnötigen Quatsch. Schließlich hätten sie drei Jahre auf ein Einkommen meinerseits verzichtet und mich einen anständigen Beruf erlernen lassen. Sie hätten mich ja auch gleich nach Schulabschluss in eine Arbeit schicken können, um Geld zu verdienen.

Nun, irgendwie habe ich auch das hinter mich gebracht und den Abschluss der Werbefachschule in Köln geschafft. Natürlich wieder mit einer Urkunde, die bestätigte, dass ich nun ein ausgebildeter Werbeassistent sei. Der Einstieg zum Umstieg war geschafft. Mein Hans Werner war zufrieden – und erstmals war ich auch mit ihm „zu Frieden". Unser neu gefundener Einklang währte allerdings nicht lange.

Wie ging es weiter?

Sicher können Sie sich vorstellen, dass bei meinem Schulprogramm, in das ich in Köln eingebunden war – und dies lief immerhin bis zu meinem einundzwanzigsten Lebensjahr – keine Zeit für andere Interessen und Aktivitäten übrig blieb.

So blieb mir z. B. das weibliche Geschlecht ein weithin völlig unbekanntes Wesen. Liebe, Emotionen, Gefühle, Zärtlichkeit, Sexualität, Zuneigung usw. wurden von meinem Hans Werner in den Bereich der Luxusgüter eingeordnet, von denen er zwar gehört hatte und die ihm auch sehr verlockend erschienen, die wir uns aber leider im Moment einfach nicht leisten konnten.

Nur nicht ablenken lassen. Immer das Ziel klar vor Augen behalten. Erst wenn etwas aus uns geworden ist, können wir uns für Frauen interessieren, und umgekehrt werden sich dann auch die Frauen für uns interessieren. Was hätten wir jetzt schon zu bieten? Was könnte an uns schon interessant sein?

Wenn ich heute mit der Erfahrung meines Lebens und dem dabei gewachsenen nötigen Abstand auf dieses Denk- und Verhaltensmuster schaue, muss ich feststellen, dass schon in dieser frühen Phase meines Lebens die mütterlichen Prägungen zu meinen eigenen Wahrheiten geworden waren.

Ein Eigenwertgefühl war bei meinem Hans Werner so gut wie nicht vorhanden. Wo hätte es auch herkommen sollen? „Nur wer was leistet, darf auch was essen.“ „Nur wer etwas darstellt, wird von anderen akzeptiert“, und vergessen Sie nicht die Aussage meiner Mutter: „Liebe gibt es nicht, das ist Quatsch."

Hans Werner hatte in dieser Zeit die Führung innerhalb unserer Zweisamkeit total übernommen, und ich war ihm widerspruchslos gefolgt. Es klang ja alles so logisch, was sein Verstand entwickelte, und schließlich sollte es mich ja auch meinen Zielen näher bringen. Wenn wir erst einmal, ja dann … Also müssen und können wir im Moment noch nicht. Die perfekte Schlaftablette.

Dieses „Ja dann", meine Lebensaufgabe Liebe und Mitgefühl zu praktizieren, wurde durch seine einseitige Ausrichtung eher erschwert statt erleichtert. Ich war ein emotional total verkümmerter junger Mann. Ich war auf der emotionalen Ebene für niemanden erreichbar. Sie flößte mir – Verzeihung, sie flößte meinem Hans Werner – sogar Angst ein. Es war ein völlig unbekanntes Terrain für ihn. Dieses Terrain duftete für ihn nach Schwäche und nicht nach Stärke, und Schwäche durfte er niemals zeigen.

Damit hätte er ja auch unsere Mutter enttäuscht, und dazu hatte er immer noch keinen Mut. Verzeihung, wenn mir das Ich und Er immer wieder durcheinander geraten, aber es entspricht in vollkommener Weise meiner damaligen Lebenssituation. Da war keine klare Trennung mehr vorhanden, es ging immer hin und her.

Bei der Lösung dieses eigentlich unlösbar erscheinenden Knotens müssen wiederum Helfer ihre Hände im Spiel gehabt haben, die wohl diesmal nicht von dieser Welt waren. Ich habe ja schon gesagt, dass ich immer das deutliche Gefühl, ja die absolute Sicherheit hatte, geführt und geschützt zu werden. Aber dieses Wissen war allein auf meiner Ebene angesiedelt. Meinen Hans Werner konnte ich davon nicht überzeugen. Er wollte nur

Fakten sehen. Für ihn zählte nur das Zählbare. Er wollte Sicherheit.

Können Sie sich vorstellen, dass ein emotional blockierter junger Mann, dem die Weiblichkeit so völlig fremd war, den Job eines Werbeleiters Deutschland bei der damals weltweit führenden Kosmetikfirma „Elizabeth Arden" bekam? Ich begreife es heute noch nicht. Natürlich war das Hans Werners Verdienst. Taktieren, sich positiv darstellen, um zu gefallen, um anzukommen und Eindruck zu machen, das hatte er gelernt. Das waren seine antrainierten Mechanismen, um niemand hinter seine Fassade schauen zu lassen. Und so hatte er es nach Abschluss der Werbefachschule in Köln tatsächlich geschafft, diesen Job zu bekommen.

Unser Büro lag – wie könnte es bei einer solchen Firma anders sein – auf der Düsseldorfer Königsallee. Es gab in der Firma nur drei Männer, den Geschäftsführer, den Verkaufsleiter und mich. Ansonsten waren es dreiundzwanzig Frauen, die den Betrieb in Gang hielten. Und da der Verkaufsleiter meist unterwegs und der Geschäftsführer viel im Ausland weilte, war ich meist mit diesen dreiundzwanzig Frauen alleine. Ich und mein Hans Werner, dem die weibliche Welt bis dahin völlig fremd war und der weder Emotionen zeigen wollte noch konnte.

Hübsche Frauen, Damen der Kosmetikbranche, die ihre Reize voll ausspielten. Ja, die gerade systematisch dazu angehalten und trainiert wurden, um dann ihre Kenntnisse der übrigen Damenwelt zu vermitteln.

Eine Glamorwelt, die uns beiden bis dahin völlig fremd war, ja deren unterschwellige Sexualität bei meinem Hans Werner bis dahin nur Abwehrmechanismen aktiviert hatte. Nun saßen wir da in unserem Büro. Von Glasvitrinen voller Produktmuster, reizenden Fotos und allen Wohlgerüchen umgeben. Ich und mein Hans Werner, der bis dahin nicht einmal erlebt hatte, dass sich die Brust einer Frau weich anfühlt.

Nun, eine alte Weisheit sagt, dass man am ehesten das Schwimmen lernt, wenn man ins Wasser geworfen wird. Mein Hans Werner hat dort schwimmen gelernt, wenngleich auch die Zeit zu kurz war, um einen perfekten Schwimmer aus ihm zu machen. Aber immerhin konnte er schon kraulen und sich auf dem Rücken treiben lassen.

Für jemanden, der bis dahin zu den Nichtschwimmern zählte, ein beachtlicher Erfolg, und ein weiterer Ausbau dieser Fähigkeiten schien durchaus möglich. Auch dabei hat er mich dann wieder voll vereinnahmt, aber ich empfand seine Aktivitäten durchaus nicht als unangenehm.

Als Erstes mussten wir natürlich lernen, die hauseigene so genannte Herrenserie „Arden for men" zu benutzen. Mein Hans Werner hatte diesen Geruch auszusenden, und er fand das sogar höchst angenehm, da die weibliche Umwelt entsprechend reagierte. Diese Reaktionen wusste wiederum auch ich zu schätzen, aber mussten wir uns dazu einstinken, wie ich es zunächst empfand? Mussten wir dazu unseren Eigengeruch überlagern?

Hunde tun so etwas. Sie wälzen sich mit Vorliebe in den Exkrementen anderer Tiere. Schafskot ist nahezu unwiderstehlich für einen Hund. Er versucht dadurch den Geruch eines Schafes anzunehmen, damit ihn sein Eigengeruch bei der Jagd nicht verrät. Natürlich hat ein Hund das nicht mit seinem Verstand überlegt. Er hat keinen Verstand. Bei ihm geschieht so etwas instinktiv, und so manches Frauchen ist entsetzt, wenn ihr super gepflegter Pudel solche Schweinereien macht. Unser Frauchen war auch entsetzt.

Ein zentraler Punkt seiner weiblichen Welt, unsere Mutter, reagierte genau so. Sie war enttäuscht, ja sogar entsetzt darüber, dass ihr Pudel, dass ihr Hans Werner nach dem ganzen Unfug der Schule nunmehr auch noch so etwas machte. Er schien zu einem Weichling zu werden. War er vielleicht sogar schwul? So hatte sie sich ihren Sohn nicht vorgestellt.

Warum war ihm das, was sie ihm geboten hatten, die Schriftsetzerlehre, nicht genug? Wollte er etwas Besseres sein? Wollte er auf seine Eltern herabschauen? Waren sie ihm nicht fein genug? Oft genug musste er sich den Ausspruch seiner Mutter, dass ihm seine Eltern wohl jetzt nicht mehr gut genug seien, anhören.

Ungeachtet dessen, und dazu bin ich ihm heute zutiefst dankbar, nutzte Hans Werner die Chance, in eine ganz andere Welt einzutauchen. Auch wenn er dabei sein altes Umfeld zu verlieren drohte. Er war mutiger geworden. Er war dabei, sich zu befreien. Er hatte an etwas geschnuppert, von dem er mehr haben wollte, und das war nicht nur die Weiblichkeit.

Wenn unsere beiden Vorgesetzten, der Geschäftsführer und der Verkaufsleiter, nicht im Hause waren, waren wir der einzige Hahn auf diesem Hühnerhof und ließen uns entsprechend hofieren. Aber wir haben nicht nur Hof gehalten, wir haben dabei auch nicht vergessen, unseren eigenen Acker zu bestellen. Hans Werner war auch dabei in der Führungsrolle. Wie ich schon gesagt habe, hatte er mich zu diesem Zeitpunkt weitest gehend vereinnahmt, und zwar immer mit derselben teuflischen Taktik: „Wenn wir erst einmal … ja dann."

Als wieder einmal für ein paar Tage unsere beiden Vorgesetzten auf Tour und uns nicht im Wege stehen konnten, bestellte er sich den Inhaber einer der großen Düsseldorfer Werbeagenturen unter dem Hinweis, dass wir z. Zt. eine zu uns passende

Werbeagentur suchen, ins Haus. Den international renommierten Namen „Elizabeth Arden“ hätte natürlich jeder Agenturchef gerne auf seiner Kundenliste gehabt, und als seine Taktik beim ersten Mal gleich ausgezeichnet funktionierte, nahm er Kontakt zu weiteren Agenturen auf.

Im Prinzip suchte das Haus Elizabeth Arden gar keine Werbeagentur, denn das Artwork musste unverändert von den USA übernommen werden. Was Miss Arden (mit bürgerlichem Namen „Florenc Nightingale Graham“) sagte und was sie schön fand, das hatte man weltweit zu mögen und schön zu finden. Und in der damaligen Zeit war man noch sehr amerikagläubig. Was von dort kam, gab den Trend an.

Die beiden verreisten Herren wussten nichts von unseren seltsamen Aktivitäten, und selbst wenn sie es erfahren hätten, hätte man uns nichts vorwerfen können. Jedenfalls wurde mein Hans Werner auf diesem Weg mit den Düsseldorfer Agenturinhabern bekannt, und bekannt zu werden lag voll auf seiner Linie.

Ich hingegen hätte lieber meine Ruhe gehabt und unseren Hühnerhof genossen. Ich war im Prinzip faul. Es ging uns doch gut. Liebe und Mitgefühl konnte ich hier wunderbar erlernen und praktizieren, wenn auch sicher nicht ganz im Sinne meiner ursprünglichen Aufgabenstellung. Was wollte er jetzt schon wieder? Warum konnte er nicht zufrieden sein?

Natürlich wollte er weiterkommen. Er wollte hier raus, ich eigentlich gar nicht. Werbeleiter zu sein, zwei Vorgesetzte über sich haben und die Vorgaben des Mutterkonzerns aus den USA zu verarbeiten und für den deutschen Markt aufzubereiten genügte ihm nicht mehr. Er wollte endlich selber machen. Er wollte wer sein. Und so telefonierte er erneut mit den Agenturchefs, die er kennen gelernt hatte. Und zwar mit folgender, absolut bewundernswerter Schlitzohrigkeit. Glauben Sie mir, ich wäre nie auf solche Ideen gekommen.

Er bedankte sich artig für den vorangegangenen Besuch und die wirklich eindrucksvolle Agenturpräsentation. Er sei tief beeindruckt gewesen. Leider habe aber der Mutterkonzern der deutschen Tochtergesellschaft jener Werbeagentur, mit der er bereits seit langem in den USA zusammenarbeitete, den Vorzug gegeben. Er würde sich aber glücklich schätzen, wenn die von ihm persönlich so sehr gewünschte Zusammenarbeit in anderer Form zustande kommen könnte. Vielleicht gäbe es ja umgekehrt eine Position für ihn im Hause der Agentur? Ganz schön frech. Oder?

Und auch hierbei muss wieder so etwas wie eine Führung mitgewirkt haben. Die Agentur, die er als zweite anrief und zu der er auch gerne gewechselt wäre, hatte gerade einen neuen Kunden aus der Kosmetikbranche gewonnen und stellte nun ein entsprechendes Team zur Betreuung dieses Kunden zusammen.

Dieser Kunde war zwar nicht unbedingt im gleichen anspruchsvollen Marktsegment wie Elizabeth Arden angesiedelt, aber dem neuen Kunden nun gleich den ehemaligen Werbeleiter des damaligen Branchenführers als verantwortlichen Betreuer präsentieren zu können war ein Trumpfkarte, die sich die Agentur nicht entgehen ließ. Dieses „Haben-Wollen" auf Seiten der Agentur bescherte ihm natürlich ganz nebenbei ein recht ordentliches Gehalt. Zufall kann das alles nicht gewesen sein. Vielleicht kann man es ganz einfach als Glück bezeichnen, aber ich bin überzeugt, dass auch Glück eine Ursache hat. Es kommt nicht einfach so.

Ich muss meinen Bericht an dieser Stelle etwas abkürzen, denn es geht uns ja eigentlich um ganz andere Dinge. Dass mein Hans Werner mich inzwischen völlig vereinnahmt hatte, habe ich Ihnen gesagt. Dies ging sogar so weit, dass ich mich mit seinen Zielen zu identifizieren begann. Er hatte wahrlich seinen inneren Schweinehund, als der ich ja einmal klassifiziert wurde, überwunden. Lediglich mit meiner Faulheit konnte ich ihn hier und da noch ein wenig bremsen. Aber dies geschah keineswegs zu seinem Nachteil, wie Sie noch erkennen werden.

Natürlich machte er Karriere in dieser Agentur. Es blieb nicht bei dem einen Kunden, den er betreute. Ihm wurde mit der Zeit die Betreuung weiterer Kunden übertragen, und er wurde zum Etat-Direktor ernannt. Das gesamte Betreuungsvolumen der Agentur von damals ca. 120 Mio DM war auf drei Etat-Direktoren aufgeteilt, die wie kleine Firmen innerhalb der Firma operierten, voll verantwortlich für die gesamte Agenturleistung und auch für den Profit ihres jeweiligen Verantwortungsbereichs.

Meine Faulheit, mit der ich meinem ehrgeizigen Hans Werner immer wieder im Wege stand, zwang ihn dazu, mehr arbeiten zu lassen, als selbst zu arbeiten, was ihm in seiner Position natürlich durchaus möglich war. Ich und zwangsläufig auch er waren zufrieden, wenn wir so wenig wie möglich einschreiten mussten und unser Laden lief. Wozu hatten wir Mitarbeiter, die allesamt gut verdienten?

Wir bremsten keine Leute aus, im Gegenteil, wir ermunterten sie zum Selbermachen. Das hatten wir bei Karl Kreiner, meinem alten Lehrer, so gelernt. Und so war mein Hans Werner sehr beliebt bei seinem Team. Bei ihm konnte man weiterkommen. Jeder strengte sich umso mehr an und war bereit, sich auch einmal eine Nacht um die Ohren zu schlagen, wenn etwas am nächsten Tag fertig sein musste. Die Leute, die für ihn arbeiteten, mochten ihn. Sie waren ihm sogar dankbar.

Das kam ihm wiederum zugute, als er mit achtundzwanzig Jahren seine eigene Agentur gründete. Allerdings nicht ganz freiwillig. Sein Ehrgeiz hatte ihn in etwas hineingetrieben, was dann eigentlich viel zu früh kam. Seine verdeckten Bemühungen, für sich in der Zukunft eine eigene Agentur aufzubauen und nicht nur Statthalter amerikanischer Shareholder zu sein, sickerte zu seinem Arbeitgeber durch, und es folgte die fristlose Entlassung. Seine privaten Akquisitionen waren mit seinem Anstellungsvertrag nicht vereinbar. Über Nacht war damit Ebbe in der Kasse.

Jeder versuchte ihm bei seinem Neustart zu helfen. Auch sein Team aus der ehemaligen Agentur stand weiterhin zu ihm. Aber auch hier muss ich nun wieder abkürzen, zumal ich die Geschichte dieser Agenturgründung, die zu einem vollen Erfolg wurde, schon in meinem Buch „Leben Sie, statt zu funktionieren" ausführlich erzählt habe.

Die eigene Agentur operierte nach den üblichen Startschwierigkeiten sehr erfolgreich. Nach zwei Jahren nahm er zwei gleichberechtigte Geschäftspartner auf. Als er dann selbst nach sechs Jahren ausstieg, übernahmen diese beiden Partner seine Anteile und verstärkten sich ihrerseits durch die Partnerschaft mit einer großen französischen Agentur.

So weit diese Phase unseres Lebens. Vom Einfluss unserer Mutter hatten wir uns inzwischen befreit. Jedenfalls dachten wir das. Aber ihre Konditionierungen saßen so tief, dass sie immer wieder durchbrachen und es auch heute immer noch tun. Allerdings bin ich heute auf der Hut. Ich merke sofort, wenn wir wieder in altes Fahrwasser gelangen, und steige dann konsequent aus diesen Mustern aus. Hans Werner wäre da nicht so wachsam. Vor allem wenn man ihn hofiert, springt er sofort wieder auf die alten Geleise. Und so hat sich im Laufe unseres Lebens folgender Ablauf herauskristallisiert.

Phase 1 (Kleinkind). Ich führe meinen Hans Werner. Ich mache ihn stumm, ich ziehe ihn aus dem Verkehr. Ich bremse ihn aus. Ich bin ihm weit voraus.

Phase 2 (Jugend). Er wird aufmüpfig. Wir kämpfen miteinander um die Vorherrschaft. Er will etwas darstellen. Keiner von uns kann so recht gewinnen. Wir müssen uns arrangieren.

Phase 3 (Pubertät). Er wird immer stärker und übernimmt die Führung. Ich gehe ihm auf den Leim. Er suggeriert mir, dass ja alles auch in meinem Interesse geschieht. Damit trickst er mich aus.

Phase 4 (etwa zwanzig bis zur Lebensmitte). Mir reicht es. Ich bremse ihn durch Faulheit. Wenn die Wechselwirkung seines ungesättigten Strebens und meines Gegenbremsens funktioniert, manövrieren wir uns in eine Mitte, in der wir miteinander gut zurechtkommen können.

Phase 5 (ab Lebensmitte). Ich habe die Führung übernommen. Er dient nunmehr meinen Interessen und muckt nur noch gelegentlich auf. Sein begrenztes materialistisches Denken ist überwunden. Wir beginnen endlich unsere Lebensaufgabe zu erfüllen.

Es gibt kaum ein menschliches Leben, in dem nicht ein ähnlicher Ablauf zu beobachten ist. Zumindest in den ersten Phasen. Entscheidend ist dann die Umschaltung in der Lebensmitte. Wird sie versäumt, findet der Führungswechsel nicht statt, wird damit auch die Lebensaufgabe nicht erfüllt. Alles bleibt der begrenzten, materiellen Ebene verhaftet.

Machen wir uns noch einmal bewusst:

Ein unsterbliches und unbegrenztes, göttlich-geistiges Wesen inkarniert auf dieser Erde in einen begrenzten, mensch-

lichen Körper, um darin die Erfahrungen machen zu können, die es sich vorgenommen hat.

Dazu ist es erforderlich, dass dieses geistige Wesen irgendwann die Führung übernimmt und seine Interessen verfolgt. Bleibt die Führung hingegen fortwährend auf der begrenzten, materiellen Ebene, wird die Lebensaufgabe in der Regel verpasst. Aber keine Sorge. Wir bekommen dann so lange eine neue Chance, bis wir endlich an die Arbeit gehen. Drücken können wir uns nicht.

Diesen Umschaltprozess bezeichnete man früher leichtfertigerweise als Midlife-Crisis. Eine totale Fehlinterpretation. Diese Phase des Besinnens und der Umschaltung ist keinesfalls eine Krise, im Gegenteil, sie ist die Chance.

Wie sieht es in Ihrem Leben aus? In welcher Phase stecken Sie zurzeit? Wer führt bei Ihnen?

Aber bevor wir zum nächsten Kapitel übergehen, möchte ich Ihnen noch von einem kleinen Nebenschauplatz berichten, zu dem sich dann sicher auch einige Parallelen in Ihrem Leben finden lassen.

Erinnern Sie sich noch meiner Schilderungen der ersten Phase, als ich, das unbegrenzte, geistig-göttliche Wesen, in diesen kleinen und unbeweglichen materiellen Körper eingeschlossen wurde, und meine einzige Freiheit in meinen seltenen Ausflügen während der Tiefschlafphase dieses Körpers bestand, ohne die ich es nicht ausgehalten hätte? Wie ich dann mühsam das Laufen lernte, um diesen Haufen relativ unbeweglicher Materie wenigstens etwas bewegen zu können?

Solche Urerlebnisse bleiben ein Leben lang wirksam. Sie können sich mit zunehmendem Lebensalter abbauen oder sich sogar noch verstärken. Dies ist abhängig von der Chance ihrer

Aufarbeitung, und was wäre näher liegend, als das Trauma der zähen und trägen Unbeweglichkeit und des Eingeschlossenseins in einen Körper durch gegensätzliche Erlebnisse von Beweglichkeit und Freiheit zu kompensieren?

Jede Sportart, die auf Schnelligkeit basiert, oder Sportarten wie Weitsprung, Hochsprung, Drachen- und Gleitschirmfliegen usw. sind nach meiner Erfahrung Ausdruck eines solch inneren Kompensationsbedürfnisses. Aus sich heraus ergeben diese Sportarten allesamt keinen Sinn, und trotzdem geben sie uns etwas. Sie geben uns ein Urgefühl zurück, in dem wir einmal zu Hause waren. Auch unsere Lust am Reisen, je ferner, desto besser, ist nichts anderes, als es meine damaligen Ausflüge aus dem kleinen Körper waren.

Meine und Hans Werners persönliche Art der Aufarbeitung und Kompensation des Traumas unserer Unbeweglichkeit war eine ganz spezielle. Wir liebten schnelle Autos. Ich liebte das Gefühl der Schnelligkeit und Freiheit, auch wenn es im Vergleich zur unbegrenzten, geistigen Welt nur ein billiger Abklatsch war. Mein Hans Werner liebte das damit verbundene Prestige. Der Schnelligkeit stand sein Verstand eher kritisch gegenüber. Trotzdem konnten wir uns auf diesen Unsinn einigen, zumal dies in der Zeit der eigenen Werbeagentur keine größeren finanziellen Probleme darstellte.

Das schnellste Auto, das wir jemals besaßen, war ein 360 PS starker Lamborghini-Miura, der 280 km/h schnell war. Dies muss so um 1973 gewesen sein. Damals etwas Unglaubliches, aber die Autobahnen waren noch relativ frei, sodass man auch einmal Gas geben konnte.

Wenn ich z. B. in Hamburg einen Termin wahrzunehmen hatte, war es für mich das größte Vergnügen, morgens um vier Uhr – von Düsseldorf aus – die Hansalinie Dortmund–Bremen–Hamburg hoch zu brausen, auf der ich dann auch noch relativ alleine war, im Hotel gemütlich zu frühstücken und dann in bester Stimmung meinen Termin wahrzunehmen.

Heute sind meine Prioritäten ganz anderer Art. Das Thema Auto ist weitgehend erledigt. Ich fahre zwar immer noch gerne schnell, wenn dies ausnahmsweise einmal möglich ist, aber dabei möchte ich es bequem haben.

In einen Lamborghini würde ich mich nicht mehr hineinzwängen und vielleicht auch noch einen Sturzhelm tragen, wie ich es damals tat, um dem Lärm des Zwölfzylinders, der mir, nur durch eine Glasscheibe getrennt, direkt im Nacken saß (Mittelmotor), zu entgehen. Was die Leute über unser Auto denken, ist auch meinem Hans Werner inzwischen völlig gleichgültig geworden.

Trotzdem ist das Gefühl von Freiheit, Beweglichkeit und Unbegrenztheit nach wie vor ein faszinierendes Gefühl für mich. Auch wenn ich weiß, dass es ein rein subjektives Gefühl ist. So fahre ich z. B. sehr gerne mit meinem Motorroller, der auch so um die 120 km/h hergibt, durch die Chiemgauer Berge. Auch liebe ich immer noch das herrliche Gefühl der Freiheit, wenn ich mit meinen Skiern über die weiten Felder eines Gletschers brause. Und wenn es dann so richtig schnell wird, jauchze ich laut vor Vergnügen. Manchmal schrei ich dann ganz laut: „Danke, Vater, für diese Welt!“

So hat alles seine Zeit und nichts im Ablauf dieser Zeit ist zufällig. Alles ist mit allem verbunden. Nichts geschieht außerhalb der göttlichen Ordnung. Auch wenn wir sie manchmal so gar nicht verstehen oder sogar lieber eine andere Ordnung hätten.

Je mehr Zusammenhänge wir in unseren Handlungsweisen erkennen, desto leichter fällt es uns, die Dinge einzuord-

nen und bei Bedarf zu korrigieren. Je weniger wir erkennen, desto mehr sind wir ausgeliefert. Es geschieht alles mit uns und wir haben keine Chance zur Korrektur.

Der Schlüssel zu einem erfüllten Leben liegt im „Bewusst-Sein“ darüber, wer wir in Wahrheit sind.

Aber gehen wir wieder ein Stück weiter. Ich verspreche Ihnen, dass die Geschichte spannend bleibt.

Die Zeit der Rauswürfe

Wenn immer mein Hans Werner versuchte, sich das Leben einigermaßen gemütlich einzurichten, wenn immer er versuchte, sich ein bequemes Nest zu bauen, wurde er erbarmungslos aus diesem Nest hinausgeworfen.

Offensichtlich war die Zeit noch nicht gekommen, in der wir es uns bequem machen durften. Die Aufgaben, zu deren Erledigung ich diesen Körper angenommen hatte, waren ja noch nicht einmal ernsthaft angefasst. Kein Wunder also.

Mein Hans Werner empfand solche Rauswürfe als höchst ungerecht. Ich konnte ihn bestens verstehen, denn er wusste nicht, was ich wusste, und eigentlich wollte er es auch gar nicht wissen. Selbst wenn ich es ihm erklärt hätte, hätte er kein Ohr dafür gehabt. Er tat mir sogar ein wenig Leid. Ich konnte ihn mit meinem Wissen einfach nicht erreichen.

Aus seiner Sicht verfügte er über alle Argumente, nach denen er sich ein bequemes und schönes Leben doch nunmehr redlich verdient habe. Schließlich habe er hart gearbeitet. Er habe nichts gestohlen und auch sonst nichts Unrechtes getan. Und so konnte er es überhaupt nicht verstehen, dass wir aus einem kleinen Wasserschloss, in dem wir es uns im Westfälischen bequem gemacht hatten, hinauskatapultiert wurden. Unsere Zahlungsunfähigkeit wurde festgestellt. Was war passiert?

Mit Hilfe einiger Freunde und deren Firmen hatten wir besagtes Wasserschloss einschließlich eines Umlandes von 100 000 qm angemietet und dort eine Kunstgalerie eingerichtet, deren Geschäftsführer ich nun war. Nach Jahren des Agenturstresses doch nicht ganz unverdient. Die beiden Partner, die ich einmal in meine Agentur aufgenommen hatte, hatten meine dortigen Geschäftsanteile zu einem Minimalpreis übernommen, da mein Gesellschafterkonto durch Zahlungen aus einer Ehescheidung schon reichlich überstrapaziert war.

Mein Hans Werner spielte in diesem Wasserschloss mit Vergnügen und ohne jeden Anflug eines schlechten Gewissens den Landlord, fuhr mit der Kutsche durchs Land, brachte es mit der Zeit zu einem kleinen Privatzoo, verfügte über eigene Tennisplätze und nannte acht Pferde sein Eigen. Nichts Außergewöhnliches, wie er fand. Seine erste Arbeitgeberin, Miss Elizabeth Arden, soll insgesamt achtzig Pferde besessen haben. Ziele gab es also noch genug für ihn.

Mit dem Eigentümer der Anlage war bereits eine käufliche Übernahme vereinbart. Meinem Hans Werner gefiel dieses Leben. In landwirtschaftlichen Belangen wurde er immer kompetenter, in geistigen Dingen dagegen immer schläfriger. Das aber entsprach in keiner Weise meiner Aufgabe. Dafür war ich nicht gekommen. Dafür hatte ich mir diesen Kerl nicht zugelegt.

Unsere Zahlungsunfähigkeit wurde festgestellt, nachdem offenbar wurde, dass seine Frau, der er in einer Art Großmannssucht so banale Dinge wie die Finanzen und den damit verbundenen täglichen Zahlungsverkehr völlig überlassen hatte, ganz offensichtlich Soll und Haben verwechselt hatte. Um seine Ehren, den Lord Hans Werner, nicht zu beunruhigen, hatte sie angefangen, in kleinen finanziellen Dingen hin- und herzutricksen, als es einmal etwas knapper wurde. Sie war dann im Laufe der Zeit so tief in diesen Strudel geraten, dass sie nun große Angst hatte, seine Lordschaft davon wissen zu lassen. Er selbst war also völlig ahnungslos, was an den Konsequenzen, die er zu tragen hatte, allerdings nichts änderte.

Damals hätte er diese Frau in seinem ersten Zorn umbringen können. Heute weiß zumindest ich, dass es das Beste war, was uns zu diesem Zeitpunkt passieren konnte. Ja, dass es sogar absolut notwendig war. Ich alleine hätte die notwendige Wegkorrektur sicher nicht durchsetzen können. Er war immer noch zu mächtig, und irgendwie tat er ja auch nichts Unrechtes. So ganz unglücklich mit dem Zustand des Landlords war ja auch ich nicht.

Den Landlord zu spielen und sich dabei immer mehr mit Humus statt Humanität zu beschäftigen war aber nicht im Sinne meiner Lebensaufgabe, und schließlich war ich der Herr im Hause dieses Körpers, wenn ich auch zu dieser Zeit die Zügel immer noch aus der Hand gegeben hatte. Ich wartete immer noch auf das … „ja dann" …

Hier war also eine Wegkorrektur dringend notwendig, und wie ich schon an anderer Stelle gesagt habe, sind bei solchen Wegkorrekturen die großen und kleinen Helfer nicht immer gleich als solche zu erkennen. Ja, manchmal erscheinen uns die Helfer sogar als unsere Feinde. Als Sündenböcke, die schuld sind an unserem Elend. Hans Werner identifizierte seine Frau als den verantwortlichen Sündenbock. Damals konnte er keineswegs erkennen, dass sie eigentlich sein Glück war. Unsere Sicht ist eben sehr begrenzt. Auf der Ebene der begrenzten Materie fehlt uns der Überblick in diesem Spiel.

Niemand anders als wir selbst sind die Verursacher unseres so genannten Schicksals.

Nun, die Welt blieb nicht stehen. Natürlich gab es einen Neuanfang. Aber dieser Neuanfang konnte nur im Ausland stattfinden, denn in unserem Land war Hans Werners Ruf als untadliger Geschäftsmann – zumindest zunächst einmal – ruiniert. Ihm war die selbst auferlegte Krone abgenommen worden. Seine Lordschaft war zu dem geworden, was sie von Anfang an war – ein Irrweg.

Sie erinnern sich, Liebe, Mitgefühl und auch Demut standen auf meinem Lernprogramm. Die Rolle der Lordschaft hatte ich ja in meiner Salzburger Zeit, über die ich Ihnen noch berichten werde, genügend ausgelebt. Offensichtlich konnte ich es aber nicht lassen, was auch meine zeitweilige Ohnmacht gegenüber meinem Hans Werner in dieser Zeit erklärt. Was er da so trieb, war mir sehr vertraut. Ich konnte mich in vielen Dingen wiedererkennen.

Irland war das Land, in dem uns Freunde, die dort ein Haus besaßen, zunächst einmal Unterschlupf gewährten. Ich war zufrieden, mein Hans Werner allerdings gar nicht. Ich liebte dieses Land. Ich fühlte mich dort am richtigen Ort. Ich spürte die tiefe Spiritualität in den Wurzeln dieses Landes. Dort konnte ich eins sein mit der Natur. Dort spürte ich wieder so etwas wie allumfassende Einheit.

Das Einzige, was mein Hans Werner dagegen spürte, war Langeweile. Er kam sich reichlich unnütz vor. Er musste doch irgendetwas tun, er musste doch irgendwie Geld verdienen. Wie hatte doch unsere Mutter gesagt: „Nur wer was leistet, darf auch was essen."

So lag er ständig auf der Lauer nach Einkommensmöglichkeiten, ohne aber einen erfolgversprechenden Einstieg zu finden. Einige unserer alten Freunde baten uns, doch einmal Fotos zu schicken. In Irland solle es ja sehr schön sein, und Häuser wären auch sehr billig. Und so vertrieb er sich die Zeit damit, durchs Land zu fahren, zu fotografieren, zu beschreiben und zu verschicken.

Mein Hans Werner wäre nicht Hans Werner gewesen, wenn er die darin liegende Chance nicht erkannt und letztlich auch ein Geschäft daraus gemacht hätte. Er erwarb eine irische Lizenz als Auctioneer - was relativ kompliziert war - und verkaufte Häuser, Grundstücke, alte englische Herrensitze und einmal sogar eine ganze Insel an Interessenten aus Deutschland. Er war wieder im Geschäft. Er war wieder wer.

Was aber auch dabei wieder einmal zu kurz kam, waren meine Interessen. Er riss mich erneut mit hinein in unser altes Fahrwasser, und wie immer hatte er gute Argumente dazu. Schließlich musste er ja eine Familie ernähren. Und wenn wir erst einmal … ja dann …

In dieser Art Geschäft saßen wir mehr in einem Auto als auf einem Stück irischer Erde. Schließlich mussten wir unsere Objekte ja zunächst einmal selbst besichtigen und dann vorzeigen. Spiritualität und das anfängliche Gefühl von Einheit blieben dabei immer mehr auf der Strecke. Und da traditionsgemäß die meisten Geschäfte in Irland in den Pubs abgeschlossen oder dort zumindest anschließend begossen werden – zumindest war es damals noch so –, standen wir sicher ebenso lange unter Alkohol wie wir nüchtern waren. Immerhin ein ausgeglichenes Leben.

Er war sehr tüchtig, mein Hans Werner. Gar nicht lange, und er besaß selbst einen alten englischen Herrensitz mit 28 000 qm Gartenanlage. Nach nur einem Jahr folgte ein zweiter Landsitz, der den Vorteil hatte, direkt am Hafen zu liegen, denn inzwischen besaß er natürlich auch eine hochseetaugliche Yacht.

Vielleicht werden Sie schmunzeln. Mir jedoch war in keiner Weise zum Schmunzeln, denn es hatte sich rein gar nichts geändert. Er hatte im wahrsten Sinne des Wortes nichts dazugelernt, wollte dies offensichtlich auch gar nicht, und ich war ihm wieder einmal bereitwillig auf den Leim gegangen. Das konnte nicht gut gehen, das durfte nicht gut gehen, und es ging auch nicht gut. Meine geistige Führung musste eingreifen. Irgendwie mussten die Kulissen noch einmal verschoben werden.

Da er dauernd unterwegs war, mit Leuten verhandelte, sie zum Flughafen brachte oder dort abholte usw., blieb ihm nichts anderes übrig, als die internen Abläufe erneut seiner Ehefrau zu überlassen. Telefonate, Terminführung, Schrift- und Zahlungsverkehr usw. waren allein ihre Angelegenheit. Sie hielt die Stellung im Büro, wenn er unterwegs war. Er war zwar ein gebranntes Kind in solchen Überlassungen, aber diesmal glaubte er, sich absolut sicher sein zu können.

Sicher hatte seine Frau aus ihrem vormaligen Getrickse gelernt, und die Geschichte eines Geschäftsmanns, der mit seinem Privatpiloten eine Notlandung hinter sich bringen musste, weil dieser nicht genügend Treibstoff an Bord hatte, bestärkte ihn in seiner Ansicht. Als alle von diesem Geschäftsmann erwarteten, seinen unzuverlässigen Piloten nun umgehend zu entlassen, meinte dieser, dass er sich nur bei diesem Piloten sicher sein könne, dass ihm dies nicht ein zweites Mal passiere. Hans Werner mochte solche Weisheiten, und ich unterstützte ihn dabei nach Kräften. Das klang vernünftig. Das war schlüssig.

Aber es passierte ein zweites Mal. Als seine Frau für ein paar Wochen nach Deutschland fuhr, um ihre Familie zu besuchen, hatte sie ihm alle Finanzen mit ihren entsprechenden Aufzeichnungen übergeben. Danach verfügte er im Moment über ein Bankguthaben von ca. 15 000 irischen Punt, was damals etwa 45 000 DM entsprach. Damit konnte man leben. Es kam ja immer wieder was hinzu. Er war ja ganz gut im Geschäft.

Als er dann bei Gelegenheit einen Scheck einlösen wollte, schüttelte der Mann hinter dem Bankschalter den Kopf. Er sei mit 15 000 Punt im Minus und nicht im Plus. Nun werden Sie fragen, wie das denn möglich war, schließlich gibt es ja Bankauszüge. Aber die gab es zur damaligen Zeit in Irland nur auf Anforderung oder einmal zum Jahresende. Man musste solche Dinge schon selbst im Auge behalten oder eben nachfragen, wenn man in der Bank war. Aber da war er ja nie. Da hatte er nie nachgefragt, und auch dazu hatte er wieder gute Argumente.

Gute Argumente gingen ihm nie aus. Hätte er etwa seiner Ehefrau misstrauen sollen? Inzwischen war ihm ein Sohn in Irland geboren worden und eine kleine Tochter hatten sie aus Deutschland mitgebracht. Wie konnte man eine gute Ehe führen, wenn man einander nicht vertraute? Auch in diesem Denken unterstütze ich ihn wieder nach allen Kräften. Dies lag ganz auf meiner Linie: Vertrauen, Verzeihen, Vergeben usw. So kann ich ihm keinen Vorwurf machen. Wir liefen wieder beide in dieselbe Falle, oder war auch dies wiederum nur ein Stück des Spiels hinter den Kulissen?

Der Weg zurück nach Deutschland und dort zu einem Sozialamt war sicher ein Stück der Demut, die ich zu erlernen hatte. Wenn wir uns ständig verweigern und immer wieder in alte Muster zurückfallen oder zurückdrängen lassen, fällt die dann notwendige Wegkorrektur eben etwas härter aus. Und wenn auch dies alles nichts fruchtet, werden wir durch Krankheit aus dem Verkehr gezogen. Insofern war ja alles noch relativ harmlos. Trotz allem blieb er ja gesund. Schärfere Mittel mussten offensichtlich noch immer nicht eingesetzt werden.

Nun will ich Sie nicht mit einer endlosen Geschichte über weitere Stationen langweilen. Natürlich fand er auch jetzt wieder einen Anfang. Durch Vermittlung seines besten Freundes und eines Headhunters konnte er sich die Stelle eines „Direktors of Marketing and Sales International“ eines deutschen Pay-TV-Senders erobern. Dort wurde jemand gesucht, der sofort zur Verfügung stand, über entsprechende Marketingkenntnisse verfügte und englisch sprach. Damit konnte er dienen, wenngleich auch sein Englisch reichlich irisch klang. Haben Sie schon einmal erlebt, wie seltsam es klingt, wenn z. B. ein Inder in Stuttgart Deutsch gelernt hat? So ungefähr muss sein Englisch geklungen haben.

Trotzdem war der Weg, auf dem er diesen Job bekam, mehr als abenteuerlich und letztlich nur seiner kaltschnäuzigen Frechheit zu verdanken. Ich habe dies in meinem Buch „Leben Sie, statt zu funktionieren“ ausführlich geschildert. Haben Sie also Verständnis, wenn ich mich hier kurz fasse. Ich kann dieselbe Geschichte nicht zweimal anbieten.

Er war also wieder im Geschäft. Sein Hauptbüro lag in München, ein weiteres Büro in Zürich und eine Außenstelle in Wien, da er für den gesamten deutschsprachigen Raum verantwortlich war. Ich denke, Sie ahnen schon, was kommt. Das gleiche Spiel nahm erneut seinen gewohnten Lauf, und meine Interessen standen wieder einmal im Niemandsland.

Immer mit den gleichen eindruckvollen Argumenten seinerseits. Wir mussten Geld verdienen, mussten wieder auf die Beine kommen, um dann endlich … Würde es dieses „Dann endlich“ jemals geben?

Aber diesmal dauerte es nicht so lange wie sonst. Das Projekt, für das er verantwortlich war, scheiterte an den unterschiedlichen Mediengesetzgebungen in den deutschen Bundesländern, und internationale Partner, die in ein Jointventure hineingezogen werden sollten, sagten daraufhin ab. Nach eineinhalb Jahren war der Spuk zu Ende. Aber in dieser Zeit hatte er gutes Geld verdient und zudem eine beachtliche Abfindung bekommen. Er war wieder flüssig. Würde er diesmal? War es nun das erwartete „Dann endlich“?

Ich hatte mir vorgenommen, ihn nunmehr schonungslos zu attackieren, falls meine Interessen wieder ins Hintertreffen geraten würden.

Ich war auch bereit, zu meinen alten Tricks zu greifen und seinen Körper lahm zu legen, wenn es denn sein musste. Er war nun um die fünfundvierzig Jahre alt. Entweder gingen wir nun endlich unseren Weg, oder ich konnte diese Inkarnation abschreiben. Meine Lebensaufgabe würde unerledigt bleiben und mir erneut vorgesetzt werden. Aber dazu hatte ich nun ganz und gar keine Lust.

Mit einer Institutsgründung seinerseits gab es noch ein letztes Aufbäumen in die alte Richtung, aber als ein dazu vorgesehener Partner und Geldgeber wegen Steuerhinterziehung in Untersuchungshaft wanderte und somit ausfiel, war auch dies erledigt.

Er zog sich in seine alte Heimat nach Düsseldorf zurück und eröffnete dort eine Praxis für Psychologische Beratung, Lebensberatung, Eheberatung usw.

Was immer er aus seiner reichen Lebenserfahrung anzubieten hatte, wollte er auf diesem Wege weitergeben.

Dies kam mir natürlich sehr gelegen. Ich sah darin die Chance, endlich auf meinen Weg zu kommen. Ich bekam mehr und mehr Oberwasser. Endlich konnte ich ihn ausbremsen. Endlich begann nun meine Herrschaft.

Eine Zwischenbilanz

Versuchen wir einmal von den tatsächlichen Abläufen etwas Abstand zu nehmen, um allein die mit jedem Geschehen verbundenen tieferen Inhalte klarer herauszuarbeiten.

Es ist nicht so wichtig, was passiert, mögen wir es auch selbst als noch so wichtig empfinden. Wichtig ist allein der Lerninhalt eines Geschehens.

Unsere Bewertung basiert naturgemäß auf den so genannten Wahrheiten, die wir von Kindesbeinen an durch fortlaufende Konditionierungen erhalten haben. Dies gilt natürlich ausschließlich für unser begrenztes Ego-Ich, in diesem Fall meinen Hans Werner. Diese erlernten Wahrheiten sind, wie wir schon eindeutig festgestellt haben, leider nur sehr begrenzte Wahrheiten. Pseudowahrheiten, wenn wir sie beim richtigen Namen nennen. Wären wir z.B. woanders aufgewachsen, hätten wir andere Eltern gehabt, hätten wir auch ganz andere Wahrheiten.

Allein wichtig für unser Weiterkommen ist zu erkennen, was wir aus einer Situation lernen sollen, warum wir da hineingeraten sind, warum sie so abgelaufen ist, wie sie abgelaufen ist, und warum sie das Ergebnis hatte, das sie hatte.

Dies ist vor allem auch dann von enormer Wichtigkeit, wenn Sie, verehrter Leser, einmal auf Ihren eigenen Lebensablauf schauen, wozu ich Sie immer wieder anhalten möchte.

Gleichgültig, an welcher Stelle Sie im Moment stehen: Auch in Ihrem Leben geschieht nichts, was nicht einen tieferen Sinn hat.

Meine Geschichte ist nicht so wichtig. Sie dient nur als Beispiel. Ihren persönlichen Nutzen ziehen Sie erst daraus, wenn Sie gewisse Erkenntnisse in Ihr eigenes Leben übersetzen.

Wenn wir den Lerninhalt einer Situation erkannt haben und unser Verhalten ändern, sind weitere Lektionen gleichen Lerninhalts für uns überflüssig geworden. Haben wir den Lerninhalt nicht erkannt, wird uns das gleiche Thema so lange vorgesetzt, bis wir erkannt haben.

Es ist wie mit dem ungeliebten Spinat, den ich als Baby immer wieder ausprustete und der doch auf wundersame Weise so lange zu mir zurückkam, bis ich ihn endlich geschluckt hatte. Alles geschieht gleichermaßen, im Größten wie im Kleinsten.

Ich kenne Menschen, die immer und immer wieder in den gleichen Problemen stecken. Seien es finanzielle Probleme, Probleme im zwischenmenschlichen Bereich, Partnerschaftsprobleme, berufliche Probleme usw. Egal, was sie tun, irgendwie kommt immer das gleiche Ergebnis dabei heraus.

Ist das etwa ungerecht? Lastet gar so etwas wie ein Fluch auf diesen Menschen? Nein! Hier wurde ganz einfach etwas nicht erkannt, was es zu erkennen galt, und folglich werden sie so lange mit dem gleichen Thema konfrontiert, bis sie erkannt haben. Wir können nichts auslassen. Wir können keine Stufen überspringen, wie es mir mein Berufsschullehrer ins Heft geschrieben hatte.

Einfach ist das notwendige Erkennen allerdings nicht. Wenn immer wir mit unseren eigenen Augen auf unser eigenes Verhal-

ten schauen, schauen wir durch die gleich gefärbte Brille. Wir schauen durch unsere eigenen Konditionierungen. Wir können keine Fehler entdecken. Ja, wir können uns meist nur selbst bestätigen, dass wir gar nicht anders handeln konnten, und dann folgt in der Regel noch das wunderbare Alibi: „Andere hätten an unserer Stelle sicher auch nicht anders ...“ usw. usw.

Es ist, wie wenn ein Computer mit einem Fehler in der Software mit eben diesem Fehler in der Software den Fehler sucht.

Ein derartiger Kreisverkehr ist sehr viel leichter durch eine Hilfe von außen zu durchbrechen, deren Inanspruchnahme die meisten Menschen in unserer Gesellschaft aber leider scheuen. „Ich bin doch nicht verrückt, ich muss doch nicht zum Psychologen“ oder so ähnlich. Ein völlig falscher Stolz, der viel unnötiges Leid verursachen kann. Wenn unser Auto nicht richtig funktioniert, lassen wir doch auch einen Fachmann nachschauen. Ich habe schon vielen Menschen bei der Reparatur ihres Lebens helfen können.

Allerdings ist es nicht immer leicht, eine zuverlässige Hilfe zu finden. Genau so, wie wir an eine schlechte Werkstatt geraten können, können wir uns auch hierbei mehr Probleme einhandeln, als wir ohnehin schon haben.

Eine wirkliche Hilfe ist nur die, die uns zur eigenen Erkenntnis führt, und keineswegs die, die uns die Erkenntnis von außen um die Ohren schlägt oder gar versucht, uns den Lernprozess abzunehmen.

Unseren Weg müssen wir schon selbst gehen. Aber seien Sie ganz sicher, jeder von uns wird geführt, und die für uns richtige Hilfe wird uns an der richtigen Stelle begegnen, wenn ... ja, wenn wir bereit sind, uns dafür zu öffnen. Aber schauen wir uns die Zwischenbilanz meines Hans Werner an:

Über die Punktgenauigkeit der Familiensituation, in die wir hineingeboren werden, haben wir bereits gesprochen. Es hat also keinen Sinn, wenn wir uns über unsere Eltern beklagen.

Wir haben oder wir hatten genau die Eltern, die wir brauchten.

Sie haben uns auf eine Startposition gesetzt, aus der heraus wir unsere Lebensaufgabe anpacken können. Reklamationen sinnlos.

Problemstellungen aus dem Elternhaus sind Aufgabenstellungen, die „wir" zu bewältigen haben. Sie sind keine Alibis für eigene Untätigkeit.

Der oft gehörte Ausspruch – „Ich hatte ja leider nie eine Chance, meine Eltern ..." – dokumentiert nichts anderes als das eigene Versagen und Nichtverstehen.

Insofern hat mein Hans Werner seine Aufgabe hervorragend angepackt. Er hat sich selbst aus einem geistigen Getto befreit, in dem die meisten Menschen für den Rest ihres Lebens stecken geblieben wären. Dafür muss ich ihm dankbar sein, denn Sie wissen ja, ich war nicht immer auf seiner Seite. So z. B. zur Zeit seiner Sprachlosigkeit. Wäre es nach mir gegangen, hätte er noch lange sprachlos bleiben können. Es war einfach viel bequemer so.

Die Situation der Enge und Schwere, die ich im Mutterleib empfand, dürfte von allen Wesen, die aus der absoluten Unbegrenztheit in einen begrenzten, materiellen, menschlichen Körper inkarnieren, gleichermaßen erlebt sein. Auch der Geburtsvorgang, wenn er auf natürliche Weise geschieht, dürfte ebenfalls für alle gleichermaßen unangenehm gewesen sein. Und trotzdem beginnt schon im Mutterleib und bei der Geburt ein entscheidender Unterschied.

Weiß das fühlende Wesen, das da geboren wird, dass es mit Freuden erwartet wird, oder weiß es, dass seine Eltern es eher als lästiges Übel betrachten? Denken wir auch daran, dass zu diesem Zeitpunkt auch noch das Wissen über den Ablauf des vor uns liegenden Lebens und unsere damit anstehende Lernaufgabe zumindest in groben Zügen vorhanden ist. Wen wundert es da, wenn Babys nicht geboren werden wollen, wenn sie sich im wahrsten Sinne des Wortes quer legen oder schon tot geboren werden?

Eine schwierige Geburt ist niemals zufällig eine schwierige Geburt. Es gibt im ganzen Universum nicht einen einzigen Zufall oder das Universum würde zusammenbrechen.

Ich habe den Zusammenhang von ausgesprochen harten und schwierigen Lebensabläufen und einem ebenso schwierigen Geburtsverlauf schon bei sehr vielen Menschen, die ich betreut habe, feststellen können. Natürlich ist es auch hierbei nicht immer und ausschließlich so, aber doch immerhin signifikant häufig.

Nun, die ersten Lebensjahre waren dann bei meinem Hans Werner, wie sicher auch bei den meisten Menschen, die ersten Jahre der Dressur. Und zwar einer Dressur in eine völlig paradoxe Richtung. Ich sollte mein wahres Ich vergessen und mich dafür mit diesem Hans Werner identifizieren. Eine Dressur, die mich von meinem Lebensziel weg- statt hinführte.

In dieser Dressur haben die Menschen inzwischen ein so ausgeklügeltes System entwickelt, dass auch ich mich, obwohl ich mir meines wahren Wesens immer bewusst blieb, nicht wider-

setzen konnte. Kindergarten, Schule, Ausbildung, Studien, Zeugnisse über Zeugnisse, Belobigungen, Diplome und Titel lassen den Menschen dann endlich zu einem „-ist", „-tist" oder „-logen" werden. Zu einem Juristen, Artisten, Psychologen mit akademischen Graden und Titeln unterschiedlichster Art.

Von dem unbegrenzten geistigen Wesen bleibt dabei nicht viel übrig. Alles ist fein säuberlich begrenzt und in Schubladen eingeordnet. Natürlich sieht der Jurist die Welt nunmehr fast ausnahmslos aus juristischer Sicht. Er kann gar nicht anders. Er ist so dressiert. Seine Hirnwindungen funktionieren nur in eine Richtung. Gegenteilige Ansätze werden gnadenlos nach juristischer Machbarkeit aussortiert.

Wenn wir dann noch die unterschiedlichen Geschlechter, Kulturen, Nationalitäten, Regionen, Konfessionen, politischen Richtungen usw. als weitere Schubladen betrachten, müssen wir uns nicht wundern, dass die Welt so ist, wie sie ist. Von Einheit wird zwar allenthalben gesprochen, aber die schaffen wir in der Regel nicht einmal innerhalb einer Familie.

Mein Hans Werner hätte niemals seinen Weg gehen können, wenn ihm nicht im richtigen Moment die richtigen Hilfen gewährt worden wären. Wenn es nicht Menschen gegeben hätte, die ihm dabei halfen, die geistige Enge, in die er hineingeboren wurde, zu durchbrechen.

Aber es war nicht nur die geistige Enge der Geburtsfamilie, es war auch die geistige Enge oder der Stillstand, den er sich zeitweilig selbst geschaffen hatte und den es zu durchbrechen galt. Sie erinnern sich an die Zeit der Rauswürfe. Auch hier waren Helfer am Werk, die er zunächst nicht einmal als Helfer erkannte. Ja, er sah darin sogar die, die ihn vernichteten, und darin lag er nicht einmal falsch. Aber sie vernichteten lediglich das, was im Sinne seiner Lebensaufgabe unbedingt vernichtet werden musste: Sein Ego-Gehabe, seine materielle Orientierung, sein falsches Selbstbild.

Wenn wir feststellen müssen, dass in unserem Leben so manches zerstört wurde, dann können wir absolut sicher sein, dass dies einen Sinn hatte, oder es wäre nicht zerstört worden. Es geschieht grundsätzlich nichts gegen uns. Alles geschieht für uns. Das einzige Problem dabei ist, dass wir es nicht erkennen.

Mit unserem begrenzten, menschlichen Verstand schauen wir auf etwas, was auf der unbegrenzten, geistigen Ebene seine Ursache hat. Was gut oder schlecht für uns ist, versuchen wir dann mit dem begrenzten Maßstab unseres menschlichen Egos zu bewerten, und dabei können wir nur schief liegen. Aber wie ich schon gesagt habe, die Zeit lässt uns dann meist am Ende doch noch erkennen. So erging es auch meinem Hans Werner.

Die Zeiten, die er als angenehm empfand, waren die Zeiten, die ihn von seiner Lebensaufgabe mehr entfernten, als dass sie ihn dieser Aufgabe näher gebracht hätten: die Zeit seiner Hühnerhofhaltung bei Elizabeth Arden z. B., die Zeit seiner Landlordschaft im Wasserschloss, seiner Landsitze in Irland usw. Dies musste in seinem, Verzeihung, in meinem Interesse zerstört werden.

Die, die bei der Zerstörung mithalfen, die Dame, die zweimal Soll und Haben verwechselte, waren dabei ebenso wichtige Helfer wie diejenigen, die ihm dabei halfen, sich aus der Enge der Geburtsfamilie zu befreien.

Es ist ein elementares Schöpfungsprinzip, dem wir hier begegnen. In diesem Schöpfungsprinzip ist das Zerstören ebenso wichtig wie das Aufbauen. Wir begegnen diesem Prinzip in der gesamten Natur. Nichts bleibt, wie es ist. Alles wird immer wieder zerstört, und aus dem Zerstörten wächst das Neue. Es ist ein endloses Kommen und Gehen, ein Entstehen und Vergehen.

Natürlich ist dies total gegen unser menschliches Sicherheitsbedürfnis. Wenn es uns gut geht, möchten wir, dass es so bleibt, möchten es festhalten. Aber es wird nicht so bleiben, und ob es uns wirklich gut geht, wenn wir meinen, dass es uns gut geht, steht auf einem ganz anderen Blatt.

Nun könnte vielleicht ein falscher Eindruck entstehen, den ich umgehend ausräumen möchte. Es ist nicht falsch, z. B. in einem Wasserschloss zu leben, zwei Landsitze und eine Hochseeyacht zu besitzen oder was auch immer wir an materiellen Gütern angesammelt haben.

Materieller Besitz wird nur dann zur Falle, wenn wir uns damit identifizieren, wenn wir darin unser Ich sehen, wenn wir uns damit verwechseln, wenn wir ihn als zu uns gehörig betrachten.

Wenn wir unseren Besitz hingegen nutzen, unsere eigene Lebensaufgabe umzusetzen, wenn wir ihn zum Wohle des Ganzen einsetzen, wenn wir nicht festhalten und stattdessen fließen lassen, kann er zum Segen für uns werden.

Aber so weit war mein Hans Werner damals noch nicht, und so musste das Falsche zerstört werden, damit das Richtige aufgebaut werden konnte.

Danke an alle Zerstörer.

Der Machtwechsel

Der elementarste Unterschied in seiner neuen Tätigkeit lag darin, dass nun nicht mehr er selbst, sondern die Menschen, die bei ihm Rat und Hilfe suchten, im Vordergrund standen. Er selbst musste sich völlig zurücknehmen und ausschließlich das Wohl der Ratsuchenden im Auge haben.

Im Vergleich zu seinen bisherigen Rollen als erfolgreicher Agenturchef, als Landlord oder zuletzt als international tätiger Manager, die er insgesamt recht gerne gespielt hatte, eine totale Kehrtwendung. Für Selbstdarstellungen jeglicher Art war nun kein Platz mehr. Sein Tun war nicht mehr auf seinen eigenen Vorteil, auf den Vorteil einer von ihm vertretenen Firma, sondern auf den Vorteil und die Entwicklung anderer Menschen gerichtet. Nun war er endlich bereit, zu teilen und teilhaben zu lassen.

Ohne Liebe und Mitgefühl zu den Menschen konnte er diesen Beruf nicht ausfüllen, konnte er keinen Erfolg haben. Das Wichtigste dabei war, dass „ich" damit endgültig die Führung übernommen hatte. Meine Lebensaufgabe konnte endlich angepackt werden. Das Ego meines Hans Werner war besiegt, so dachte ich zumindest, aber Sie werden sehen, dass es trotzdem immer wieder aufflatterte. Jeder Wandel braucht seine Zeit.

Die Umschaltung und der damit verbundene Paradigmenwechsel fielen ihm zunächst einmal gar nicht so schwer. Dies war eigentlich erstaunlich. Aber wenn wir die Situation nüchtern betrachten, war er ja auch genügend weichgeklopft worden, war er in seinem alten System zu oft an die Wand gelaufen, hatte zu viel schmerzliche Erfahrungen machen müssen. Meine geistige Führung hatte auf diesem Weg erreicht, was sie erreichen wollte. Sie hatte ganze Arbeit geleistet.

Seine Düsseldorfer Praxis war zunächst recht bescheiden eingerichtet und so geschickt aufgeteilt, dass er auch darin wohnen konnte. Inzwischen hatte er sich von seiner Frau getrennt, was ihn aber nicht davon befreite, für deren Unterhalt und den Unterhalt seiner Kinder aufkommen zu müssen.

Die Knute des Geldverdienenmüssens schwang also immer noch über seinem Haupt, aber sie beherrschte ihn nicht mehr. Er sah nunmehr alles viel gelassener und war sich innerlich vollkommen sicher, dass immer da sein würde, was er brauchte. Er lebte tatsächlich in dem, was ich schon einmal als „Leben im Urvertrauen" bezeichnet habe.

Wenn ich jetzt sage, dass „er" das alles viel gelassener sah und im Urvertrauen lebte, dann ist dies nicht so ganz richtig. In Wahrheit war ich es natürlich, der ihm dieses Vertrauen gab. Ich hatte ja die Führung übernommen, was uns aber nicht davon verschonte, dass er immer wieder in seine alten Aktivitätsmuster zurückzufallen drohte.

So musste er „unbedingt" Prospekte verfassen, musste „unbedingt" diesen oder jenen Vortrag halten, musste „unbedingt" diesen oder jenen Artikel verfassen, um bekannt zu werden usw. usw. Genutzt hat dies alles nur wenig. Der Weg, den er zu gehen hatte, war weder durch Prospekte, Vorträge oder sonst etwas zu beschleunigen.

Allmählich baute sich aus seinem Klientenkreis eine Gruppe auf, die sich jeden Montagabend in seiner Praxis traf und sich unter seiner Anleitung mit spirituellen Themen befasste. Dabei referierte er über ein bestimmtes Thema, wie z.B. Vergebung, Liebe, Gott, Loslassen usw., und stellte es dann anschließend zur Diskussion. An spirituellen Themen war er schon immer interessiert. Diese Materie war ihm nicht neu. Hier schwangen sehr alte Erfahrungen meinerseits mit.

Auch sein inzwischen verstorbener Freund und ehemaliger Geschäftspartner, Siegfried A. Willing, hatte ihn bereits in ihrer gemeinsamen Agenturzeit auf diesen Weg gebracht. So hatte er viel gelesen, sich z.B. ausgiebig mit dem großen Mystiker Meister Eckhard beschäftigt, dem er sich in seinen Aussagen tief verbunden fühlte, hatte viele Seminare besucht und dabei auch gelernt, die Spreu vom Weizen zu sondern.

Geistige Interessen standen in der Skala seiner Wichtigkeiten bislang immer nur an zweiter oder dritter Stelle, jetzt aber standen sie endlich an erster Stelle. Dies war die entscheidende Umschaltung, dies war der entscheidende Machtwechsel.

An seiner Praxis der spirituellen Montagabende änderte sich auch dann nichts, als er von Düsseldorf nach München und kurze Zeit später an den oberbayerischen Chiemsee zog, wo er mit Hilfe einer Dame, mit der er inzwischen liiert war, ein Haus anmietete, das sich auch für die Durchführung von Seminaren eignete.

Inzwischen hatte er während eines längeren Aufenthalts bei Michael Barnett am Lago Maggiore die Technik der therapeutischen Arbeit auf der rein energetischen Ebene erlernt und dabei die Entdeckung gemacht, dass er über die gleiche starke Energie verfügen konnte wie sein Lehrmeister selbst.

Wenn er es wollte, konnte er sich so stark mit Energie aufladen, dass ein Mensch wie vom Blitz getroffen umfiel, wenn er ihn mit seiner Hand berührte. Diese Energie war nichts anderes als das, was man gemeinhin als kosmische Energie bezeichnet. Es war nicht seine Energie, er bündelte sie lediglich und ließ sie durchfließen.

Michael Barnett hatte etwas bei ihm geöffnet, was schon latent in ihm vorhanden gewesen sein muss. Ihm selbst waren seine Fähigkeiten bis dahin nicht bewusst. Er wusstc zwar, dass er einen großen Einfluss auf Menschen ausüben konnte, dass er über eine starke Ausstrahlung verfügte, aber das hatte er immer nur zu seinem und leider nie zum Vorteil anderer Menschen genutzt.

Mit der Öffnung der energetischen Ebene öffnete sich bei ihm auch gleichzeitig die Ebene des Sehens und Fühlens. Es gab immer häufiger Momente, in denen er wie durch einen Menschen hindurchsehen konnte. Dabei sah er dann mehr das Energiebild eines Menschen als den Menschen selbst, und was er dabei nicht ganz genau sehen konnte, das fühlte er umso deutlicher.

Diese Fähigkeit kam zu ihm, ohne dass er etwas dafür oder dagegen tun konnte. Ein Mensch war wie ein offenes Buch für ihn. Im Energiebild eines Menschen konnte er sogar Krankheitsherde und deren Ausstrahlung erkennen und – was noch wichtiger war – er konnte sie mit seiner eigenen Energie auch beeinflussen. Der Weg zum Heiler tat sich ihm auf. Aber wollte er das auch wirklich?

Für meinen Hans Werner war diese Öffnung zunächst mehr erschreckend als befriedigend. Für mich war es endlich die Öffnung, auf die ich so lange gewartet hatte. Dies war die Ebene, auf der ich zu Hause war. Dies war meine Spielwiese, hier kannte ich mich aus. Aber würde ich ihn nun auch ganz auf meine Wiese ziehen können, oder würde er auch hier wieder versuchen auszubrechen?

Er musste sich ja erst an diese Dimension gewöhnen. Diese Ebene hatten nichts mit seiner bis dahin so geschätzten Logik und Klarheit zu tun, diese Ebene war ihm fremd. Sie war nicht nur nicht berechenbar, sie entzog sich auch jeder Logik, und auch den größten Unsinn logisch zu erklären war bislang immer eine seiner Stärken gewesen.

Er musste seine neu entdeckte Fähigkeit irgendwie in den Griff bekommen. Er musste es so weit bringen, sie zu nutzen, wenn er sie nutzen wollte, und sie auszuschalten, wenn er sie nicht nutzen wollte. Es war anfänglich mehr als lästig, einem Menschen gegenüberzustehen und dabei mehr dessen Energiebild als ihn selbst zu sehen. So schön dieses wunderbare Geschenk auch war, so ging ihm doch ein Stück Normalität verloren. Er wollte auch ganz normal mit Menschen umgehen können, ohne immer gleich hindurchzusehen. Erbauend war solch ein Durchblick nur selten.

Nach einiger Zeit des Trainings gelang es ihm dann auch tatsächlich, seine neue Fähigkeit in den Griff zu bekommen. Und zwar recht einfach: Wenn er den Durchblick haben wollte, öffnete er sein Blickfeld, das heißt, er schaute einfach geradeaus, ohne dabei etwas Bestimmtes anzusehen, so wie ein Tagträumer etwa, der einfach in die Luft stiert.

Vielleicht versuchen Sie es selbst einmal. Wichtig ist, dass sich Ihr Blickfeld ganz weit öffnet. Das heißt, wenn Sie Ihre Arme nach rechts und links ausstrecken, also ein Kreuz bilden, müssen Sie immer noch Ihre Hände sehen können, obwohl Sie geradeaus schauen. Sie sehen, ohne hinzusehen. Es ist dann mehr ein Wahrnehmen als ein Sehen.

Wenn Sie dieses Breitwandbild einen Moment halten können, besteht die Chance, dass sich dabei die Konturen der einzelnen Dinge oder Menschen vor Ihrem Auge auflösen und Sie nur noch die energetische Ausstrahlung sehen. Sobald Sie aber etwas fokussieren, also scharf hinsehen, werden auch die Konturen wieder scharf und das Energiebild verschwindet. Versuchen Sie es einfach mal. Vielleicht gelingt es Ihnen.

Sie können dies auch in der Natur versuchen. Schauen Sie einfach in die Landschaft, in Ihren Garten, einen Park oder was auch immer. Schauen Sie nichts Bestimmtes an, schalten Sie auf Breitwand und lassen Sie die Konturen verschwinden. Vielleicht sehen Sie dabei, dass z. B. auch ein Baum eine energetische Ausstrahlung (Aura) hat. Mächtig und stark, wenn er gesund und stark ist, oder eher klein und kümmerlich, wenn er krank ist.

Aber gehen wir weiter: Was meinem Hans Werner bei seinem Aufenthalt am Lago Maggiore an Michael Barnett keinesfalls gefallen hatte und was er zutiefst ablehnte, war dessen Meistergehabe, das er als höchst lächerlich empfand. Seine Schüler hatten im Prinzip auf seinen Augenaufschlag zu reagieren und ihm höchste Ehrerbietung entgegenzubringen.

Seine engsten Mitarbeiter nahmen mit der Zeit eher das Gehabe von Sklaven als das von freien Menschen an. In Hans Werners – und vor allem in meinem – Verständnis aber hatte ein Meister eher das genaue Gegenteil zu bewirken. Er sollte Menschen frei machen und nicht zu blinden Nachäffern erziehen.

Jede Bindung an eine bestimmte Lehre oder eine lehrende Person ist mehr eine Behinderung als eine Förderung. Sie begrenzt, statt zu erweitern.

Ehrerbietung konnte mein Hans Werner ohnehin keinem begrenzten Menschen gegenüber aufbringen. Ehrerbietung war etwas, das er nur Gott gegenüber empfand. Das heißt nicht, dass er nicht eine große Achtung vor bestimmten Menschen und deren Tun empfinden konnte. Aber Achtung war für ihn etwas ganz anderes als Ehrerbietung.

Die Dame, mit der er zu dieser Zeit liiert war, entwickelte inzwischen so etwas wie ein Sendungsbewusstsein und fühlte sich dazu berufen, aus meinem Hans Werner einen Meister zu machen. Sie sah sich als die Weggefährtin an der Seite des Meisters, über die allein der Weg zu ihm führte.

Ein geräumiger Meistersessel musste z. B. angeschafft werden, weiß natürlich, aus Korb geflochten und mit Seide überzogen. Auf diesem Sessel residierte er dann an den Montagabenden und in seinen Seminaren. Weiß war auch sonst die vorherrschende Farbe. Sie und nunmehr auch er gingen nur noch weiß gekleidet durch diese Welt.

Lückenlos war das alte Egogehabe durch ein neues ersetzt worden, nur die Blüten, die es trieb, waren diesmal exotischer als vorher.

Hans Werner war wieder in eines seiner alten Rollenspiele hineingeraten. Diesmal kein Landlord, dafür ein Meister. Dabei fällt mir eine lustige Begebenheit ein, die ich Ihnen keinesfalls vorenthalten möchte.

Als ich mit besagter Meistermacherin über den Münchner Viktualienmarkt schlenderte, sahen mich mehre Leute recht seltsam an und grinsten auffällig. Sonst hatte ich das noch nie so beobachtet, obwohl zwei völlig weiß gekleidete Menschen im Straßenbild schon irgendwie auffallen. Aber warum gerade heute dieses auffällige Grinsen? Ich wusste es nicht zu deuten, aber es setzte sich eine ganze Weile fort, bis … ja bis mir etwas Weißes vor die Füße fiel. Was war das?

Ich hob es auf und hatte ein weißes, mit Spitzenstickereien versehenes Damenunterhöschen in der Hand. Es musste wohl bei einem Waschvorgang irgendwie in den weißen Pullover geraten sein, den ich jetzt trug. Ich hatte es nicht bemerkt, und es suchte nun den Weg über meine Brust nach unten. Es muss also eine ganze Weile aus meinem Pullover herausgeschaut haben. Ich trug es wie eine Serviette vor meinem Unterkörper, bis es dann irgendwann ganz herausfiel. Ein weiß gekleideter Herr mit Damenhöschen vor dem eigenen Hosenlatz. Das Grinsen der Leute war erklärbar. Den dezenten Hinweis auf die Lächerlichkeit dieses neuerlichen Rollenspiels habe ich damals leider nicht gleich verstanden.

Ich erzähle Ihnen diese Geschichte, damit Sie sehen, wie trotz besserer Erkenntnis das Egogehabe immer wieder angreift. An Michael Barnett hatte ich dieses Meistergehabe abgelehnt, und nun hatte ich mich selbst – oder war es wieder einmal er – einwickeln lassen.

Aber es kam eh, wie es kommen musste. Mit dieser Rolle, die meinem Hans Werner zunehmend gefiel, konnte ich natürlich nicht einverstanden sein, und so ging ich innerlich in die totale Opposition. Es kam, wie es kommen musste, die Verbindung zu dieser Dame ging unter unschönen Begleitumständen zu Ende, und mein Hans Werner fand nach diesem meisterlichen Zwischenspiel wieder zur Normalität zurück. Die Umschaltung seines Wertesystems blieb aber trotz dieses kurzen Intermezzos stabil.

Ich hatte bewiesen, dass ich inzwischen stärker war als er, und ließ mir die Führung nicht mehr nehmen. Wie ich das im Einzelnen geschafft habe, ist nicht so wichtig, dass ich es hier aufzeichnen müsste.

Was sich bei uns mit der Zeit immer mehr stabilisierte, waren die energetischen und seherischen Fähigkeiten, die ich in meine therapeutische Arbeit einbaute. Aber ich war sehr vorsichtig dabei. Ich sah es z. B. nicht als meine Aufgabe an, einem Menschen ein Problem zu nehmen, das dieser zu seiner Entwicklung vielleicht noch dringend benötigt hätte. Vor jeder therapeutischen Intervention bat ich deshalb im Gebet um entsprechende Führung. „Wenn es so sein darf", „Wenn es so richtig ist." Wir stellten uns in den Dienst der Inkarnation eines Menschen, aber wir wollten nicht Schicksal spielen.

Krankheit und andere Problemstellungen sind kein Zufall. Sie sind allein die Folge des Gesetzes von Ursache und Wirkung. Steht ein Mensch an einer Stelle seines Weges, an dem er reif ist, diesen Kreislauf zu durchbrechen, an dem er aufgearbeitet hat, an dem er erkannt hat, so kann ihm die Krankheit oder das Problem genommen werden. Es hat keinen Sinn mehr für ihn. Er hat ja erkannt. Hat er diesen Punkt noch nicht erreicht, kann ihm auch noch nichts abgenommen werden. Wir können lediglich dazu beitragen, dass er diesen Punkt erreicht.

Krankheit oder andere Problemstellungen sollen zum Erkennen tieferer Zusammenhänge führen, die sonst unerkannt und damit auch ungelöst blieben. Es sind Aufgabenstellungen, die „wir" zu lösen haben.

Eine wirkliche Hilfe besteht dann darin, einem Menschen bei der Bewältigung seiner Aufgabenstellung zu helfen, ihm die Augen zu öffnen. Sie besteht keinesfalls darin, ihm seine Aufgabe abzunehmen. Dies ist der entscheidende Unterschied zwischen einer heutzutage vordergründig symptomorientierten Schulmedizin und einer ursachenorientierten ganzheitlichen Betrachtungsweise.

Wenn wir z. B. lediglich ein körperliches Symptom beseitigen, die tiefere Ursachensetzung auf der geistig-seelischen Ebene aber unberücksichtigt lassen, wird die weiterhin bestehende Ursache ein neues Symptom bilden. Eine Patientenkarriere beginnt.

Aber noch etwas ganz anderes war ihm von seinem Aufenthalt bei Michael Barnett geblieben, und daran hat er bis heute festgehalten: sein Name!

Michael Barnett hatte die Angewohnheit, jedem, der es wollte, einen spirituellen Namen, wie er es nannte, zu verleihen. Auch dies gehörte zu seinem Meistergehabe, das er seinerseits wohl bei Osho gelernt hatte. Mein Hans Werner bat natürlich auch um einen solchen Namen. Zunächst mehr aus Neugier denn aus tieferen Beweggründen. Auf diesem Weg bekam er den Namen „Galan“, was im Sanskrit so viel wie „der ganze Mensch“ bedeutet.

Diesen Namen, und vor allem seine tiefere Bedeutung, konnte er durchaus annehmen. Ein „ganzer Mensch“ zu sein, mit all seinen Stärken und Schwächen, mit seiner unsterblich göttlichen Seele und seinem begrenzten, materiellen Körper, schien ihm durchaus annehmbar. Auch Jesus bezeichnete sich als „Menschensohn“. Auch Jesus zeigte Höhen und Tiefen, zeigte Angst und Mut, war göttlich und menschlich zugleich.

Und da ihm sein Vorname Hans Werner, wie Sie ja bereits wissen, durch den sehr dezidierten Umgang seiner Mutter mit diesem Namen von Anfang an verhasst war, nahm er diesen neuen Namen bereitwillig an. Ein Stück seiner alten Identität war er damit auch äußerlich los. Nichts anderes als ein kleines Hilfsmittel. Geschehen müssen solche Ablösungen natürlich immer erst innerlich, nicht äußerlich. Aber das war ja bereits geschehen. Wundern Sie sich also nicht, wenn ich seine Entscheidung der Namensänderung akzeptiere und ihn im weitern Verlauf nunmehr als „Galan“ bezeichne.

In seiner therapeutischen Tätigkeit stand Galan, zumindest in den Anfangsjahren des Machtwechsels, immer mit einem Bein im Gefängnis. Mit seinen Fähigkeiten konnte er Menschen helfen, die z. B. von der Schulmedizin aufgegeben waren oder sich – was noch tragischer ist – schon selbst aufgegeben hatten. Wie gesagt, wenn sie an der richtigen Stelle ihres Weges angelangt waren oder mit seiner Hilfe an diese Stelle geführt werden konnten. Wenn es so sein durfte, wenn es so richtig war.

Ebenso waren Menschen darunter, die in so etwas wie einer Sinnkrise steckten. Sie hatten immer nur funktioniert und stellten nun die Frage nach dem Sinn ihres Lebens. Sie wollten einen neuen Anfang wagen, standen sich dabei aber mit ihrem begrenzten Ego-Ich immer wieder selbst im Wege.

Galan arbeitete sehr erfolgreich. Er konnte dabei seine ganze Erfahrung einbringen, was aber auch den Neid anderer auf sich zog. Eigentlich durfte er ja gar nicht heilen. Weder auf der körperlichen, noch auf der psychischen Ebene. Er hatte keine Zulassung zu einem Heilberuf, und so wurde er folgerichtig angezeigt.

Theoretisch hätte ein Mensch, den er geheilt hatte, sogar wieder krank werden müssen, denn eine solche Heilung geschah ja ohne staatliche Genehmigung, und im Selbstverständnis eines Staates kann nicht sein, was nicht sein darf. Aber nun kam ihm wieder seine alte Erfahrung in der Werbebranche zugute.

Keine Erfahrung, die wir machen, ist nutzlos, alles greift irgendwann ineinander.

Formulieren hatte er in seiner Werbezeit gelernt, und in den Formulierungen bezüglich seiner Tätigkeit war er ohnehin immer sehr vorsichtig gewesen, vor allem in dem, was gedruckt wurde. So redete er immer nur von Selbstheilung, statt von Heilung, und einem Menschen zu zeigen, wie er sich selbst heilen kann, war im Gegensatz dazu, ihn zu heilen, keinesfalls verboten. Höchst seltsam! Oder wie empfinden Sie das?

Jeder absolute Laie darf z. B. Seminare über Selbstheilung abhalten oder auch schwerstkranke Menschen darüber beraten, wie sie sich selbst heilen können. Er darf sich z. B. nur nicht dazu hinreißen lassen, ihnen den Blutdruck zu messen. Damit würde er dann eine medizinische Leistung erbringen, die ausschließlich den dazu berechtigten Heilberufen vorbehalten ist. Mit einer Blutdruckmessung würde er sich strafbar machen.

Wenn er aber ein Gerät zur Blutdruckmessung auf den Tisch legt und darum bittet, die Messung selbst vorzunehmen, bewegt er sich wieder im legalen Bereich. Wie und ob er dann das Ergebnis kommentiert, unterliegt dann wiederum keinerlei Reglementierung, auch dann nicht, wenn er einem Menschen mit einem Blutdruck von 135/85 sein nahes Ende prophezeit und dieser ihm seine Prophezeiung gläubig abnimmt. Diese Art der Körperverletzung ist straffrei.

Nun, um allen Komplikationen aus dem Weg zu gehen, drückte Galan noch einmal die Schulbank und erwarb 1996 die staatliche Zulassung zur Ausübung der Heilkunde auf dem Gebiet der Psychologie und Psychotherapie. Da er selbst keinerlei Therapien auf der körperlichen Ebene durchführt, sondern ausschließlich den Weg über die geistig-seelische Ebene geht, kann er damit heute bestens leben.

Dabei lehnt er körperbezogene Therapien keineswegs ab. Ganz im Gegenteil. Sie sind im Rahmen einer ganzheitlichen Betrachtung absolut notwendig und umso erfolgversprechender, je mehr dabei die verursachende geistig-seelische Ebene in die Heilung mit einbezogen wird.

Der Mensch besteht nicht allein aus körperlicher Materie. Geist steht über Materie. Die körperliche Materie reagiert auf das, was auf unserer geistig-seelischen Ebene verursacht wird.

Jesus sagt z. B.: „An ihren Früchten werdet ihr sie erkennen“, und an anderer Stelle sagt er: „Was ihr sät, das werdet ihr ernten.“ Manche haben sich auf diesem Weg eine mehr als zwei Zentner schwere Frucht zugelegt, und es sind nicht immer die Drüsen verantwortlich, wie so oft behauptet wird. Lediglich in acht Prozent aller Fälle von Fettleibigkeit ist eine medizinische Ursache feststellbar.

Aber schauen wir noch einmal auf Galans Entwicklung und die darin erkennbare Führung zurück. Schauen wir auf die dauernde Auseinandersetzung zwischen seiner unbegrenzten, geistigen und seiner begrenzten, körperlichen Ebene. Allein darauf kommt es mir bei meinen Aufzeichnungen an, denn diese Grundproblematik ist bei allen Menschen gleich. Es sei denn, sie haben eine der beiden Ebenen völlig abgetötet.

Dabei macht es keinen großen Unterschied, ob die begrenzte oder die unbegrenzte Ebene ihre Lebendigkeit verloren hat. Ein Mensch hat damit ein Stück seiner Ganzheit verloren.

Ich warne ebenso vor Menschen, die nur noch ihre Geistigkeit leben und ihre Körperlichkeit ablehnen, wie ich vor Menschen warne, die nur noch in der Materie leben. Die eine Armut ist ebenso groß wie die andere.

Was uns zu einem durchaus befriedigenden Lebensergebnis führen kann, ist die hohe Kunst des „Annehmens,“ und auf der anderen Seite auch die ebenso hohe Kunst des „Loslassens“. Annehmen, was so ist, wie es ist, und loslassen, was nicht mehr ist.

Dabei dürfen wir Annehmen keinesfalls mit Hinnehmen verwechseln. Annehmen als Aufgabenstellung – ja! Hinnehmen als so genanntes Schicksal – nein! In Dankbarkeit loslassen, was sich von uns verabschiedet, und gleichzeitig die Hände frei haben für das, was zu uns findet.

Dankbar sein für das, was wir eine Weile haben durften, und offen sein für das, was neu auf uns zu kommt. Im Fluss der Schöpfung bleiben und dieses immerwährende Fließen nicht behindern. Wenn Sie persönlich Probleme mit dem Thema Loslassen haben, empfehle ich Ihnen mein Buch: „Leben heißt loslassen", das im selben Verlag wie dieses Buch erschienen ist.

Hätte Galan seine Geburtssituation als Schicksal hingenommen und nicht als Aufgabenstellung angenommen, wäre er kein Stück weiter gekommen.

Die geistige Führung, die uns in jeder Inkarnation begleitet, kann nur dann helfend eingreifen und die Weichen stellen, wenn wir bereit sind, uns zu bewegen. Wenn wir dagegen entscheiden, uns nicht zu bewegen, kann sie nicht eingreifen.

Für einen still stehenden Zug macht es keinen Sinn, die Weichen zu stellen.

Eine inkarnierte Seele hat das absolute Selbstbestimmungsrecht. Es ist ihr Leben, es ist ihre Chance. Sie kann diese Chance nutzen oder sie kann sich verweigern, womit sie das Risiko eingeht, dass eine Inkarnation dann schon frühzeitig als sinnlos abgebrochen wird.

Die Nutzung unserer Chance wird uns allerdings nicht leicht gemacht. Die Schöpfung Erde ist im System der Polarität angelegt. Alles hat zwei entgegengesetzte Pole: schnell – langsam, heiß – kalt, laut – leise, hoch – tief, gut – böse usw. Auch der Mensch, als Teil dieser Schöpfung Erde, ist zweipolig angelegt. Sein unbegrenzter und unsterblicher, geistig-göttlicher Kern, und sein begrenzter, sterblicher, materieller Körper sind seine beiden Pole.

Die unbegrenzte, geistig-seelische Ebene und die begrenzte, materielle, körperliche Ebene sind ihrem Wesen nach unvereinbar.

Beide Ebenen haben unterschiedliche Interessen. Für Spannung ist damit lebenslänglich gesorgt. Jede Seite spürt den Gegendruck der anderen, und auch dieser Gegendruck hat einen Sinn. Gott hat nichts Sinnloses geschaffen.

Wenn wir z. B. einen Muskel entwickeln und stärken wollen, dann brauchen wir dazu einen Widerstand. Wenn wir den Muskel ohne jeden Widerstand lediglich nur in der Luft bewegen, werden wir ihn nicht entwickeln und auch nicht stärken können.

Wenn eine inkarnierte Seele ohne jeden Widerstand einfach ihren Weg gehen könnte, würde auch dies keinerlei Entwicklung und Stärkung und somit auch keinerlei Weiterkommen bedeuten. Aber allein auf dieses Weiterkommen kommt es an.

Also: Danke für den Widerstand, danke für all die Schwierigkeiten, die mich weiterbringen.

Nehmen Sie Ihren Hans Werner, Ihre Klara, Ihren Georg oder wen auch immer liebevoll an die Hand. Sie brauchen sie. Ohne sie wären Sie nicht komplett. Ohne sie hätten Sie keine Chance.

Machen Sie sich aber immer wieder bewusst, dass Sie es sind, der diesen Körper besitzt. Dass Sie der Hausherr sind, dass Sie das „Ich" sind, und lassen Sie sich nicht vereinnahmen.

Einheit oder Vielheit

Wir haben gesagt, dass alles miteinander verbunden und verwoben ist und dass nichts isoliert geschieht. Wir sind immer und überall in die Ganzheit der göttlichen Schöpfung eingebunden. Es gibt keinen Platz außerhalb dieses Ganzen. Wir sind Bestandteil des allumfassenden göttlichen Schöpfungsplans, in dem es keinen Zufall gibt.

Wenn es Ihnen nun schwer fällt, an einen Gott oder so etwas wie einen göttlichen Schöpfungsplan zu glauben, und Sie eher der Darwinschen Evolutionstheorie anhängen, muss dies trotzdem kein Problem für unsere Verständigung sein. Nehmen Sie ganz einfach die Evolutionstheorie als göttlichen Schöpfungsplan. Der einzige Unterschied dabei ist, dass Darwin eine solche Evolution als zufällig, ich sie hingegen als bewusst geplant ansehe.

Ich bin überzeugt, dass ein bewusster Wille hinter dieser Schöpfung steht. Einen solchen bewussten Willen können wir nur als „Gott" bezeichnen, auch wenn die Vorstellungen begrenzter Menschen über diesen unbegrenzten Gott weit auseinandergehen.

Wenn Sie schon die Bezeichnung „Gott" nicht mögen, wählen Sie einfach einen anderen Ausdruck. Das eine ist so richtig und falsch wie das andere. Aber „Gott" ist nun einmal die in unserem Kulturkreis gewachsene Bezeichnung für etwas, dessen Existenz die Menschen zwar spüren, aber trotzdem nicht erklären können.

Trotz recht unterschiedlicher Gottesvorstellungen ist in allen Religionen so etwas wie eine gemeinsame Grundsubstanz erkennbar, und dies macht mich wiederum sicher, dass auch die Religionen nur aus der einen, allumfassenden Quelle stammen können. Jede in ihrer Art. Jede nach dem Verständnis der Menschen, die sie erreichen sollte.

Wir stecken immer noch mitten im Ablauf der göttlichen Schöpfung. Nichts steht still. Der göttliche Schöpfungsprozess ist keinesfalls beendet. Seine Schöpfung ist an keine Zeit gebunden. Es gibt keine Zeit!

Schöpfung ist ein dauerndes Entstehen und Vergehen. Mit jedem neuen Entstehen ist ein Entwicklungsschritt dessen verbunden, was da neu entsteht, und diese Entwicklung geschieht keinesfalls zufällig. Sie geschieht immer auf der Basis dessen, was vorher bestanden hat. Mal schreitet diese Entwicklung in Riesenschritten voran, mal in kaum merklichen Veränderungen. Auch der Mensch macht dabei keine Ausnahme.

Wenn wir nun unsere Verbundenheit mit allem, wenn wir die Vorstellung von einem allumfassenden Ganzen ernst nehmen und nicht nur so dahinsagen, müssen wir zwingend davon ausgehen, dass unser Eingebundensein in die Ganzheit nicht erst mit unserer Zeugung bzw. unserer Geburt begonnen hat und auch keinesfalls mit dem Tod unseres Körpers enden kann.

Wenn wir nur für den im Angesicht der Unendlichkeit des Universums winzigen Augenblick unseres jetzigen Lebens eingebunden wären, wären wir ja eigentlich gar nicht eingebunden. Wir wären nichts anderes als ein kurzzeitiges Phänomen, von dem es vorher weder etwas gab, noch nachher etwas geben wird.

Wie könnte es aber möglich sein, dass innerhalb des Ganzen etwas kurzzeitig vorhanden war, was sich dann ebenso kurzzeitig wieder auflöst? Woher soll so etwas gekommen sein, und wohin soll es sich dann aufgelöst haben, wenn es außerhalb des Ganzen nichts gibt?

Gott wäre bei einer solchen Möglichkeit des spurlosen Entstehens und Wiedervergehens nicht allumfassend. Es könnte sozusagen etwas außerhalb seiner geschehen, und einem solchen Gedanken kann ich nicht folgen. Eine solche Überlegung kann in meinen Augen nicht richtig sein.

Nun haben wir uns im Verlauf dieses Buches ausführlich mit der „Konstruktion des Menschen" als eines Wesens auf zwei verschiedenen Ebenen und der daraus resultierenden Problematik befasst.

Diese beiden Ebenen des Menschen sind, ihrer unterschiedlichen Natur nach, eigentlich unvereinbar.

Was dabei unsere Eltern gezeugt haben, ist lediglich die vergängliche Materie unseres Körpers. Das aber, was diesen Körper beseelt, das, was diesen Körper lebendig macht, das Bewusstsein oder den Geist in diesem Körper, das können sie nicht gezeugt haben. Etwas Begrenztes kann nichts Unbegrenztes zeugen, und unsere Eltern waren nun einmal „begrenzte Menschen". Die unbegrenzte, geistige Ebene in uns, die Seele, kann also nur göttlicher Natur sein.

Dieses unbegrenzte, geistige Ich, unser wahres Sein, muss also vor unserem Körper existiert haben und auch nach dem Tod unseres Körpers existent bleiben. Etwas, was göttlicher Natur ist, kann nicht vergehen, oder auch Gott müsste vergehen können.

Aus der Wissenschaft der Todesforschung wissen wir z. B. sehr genau, was im Moment des Todes geschieht. Der Tod des eigenen Körpers wird vom Sterbenden wie aus der Distanz erlebt.

Wir erleben den Tod so, wie wenn wir als Zuschauer über dem Geschehen schweben würden. Wir wissen genau, dass dies unser Körper ist, und wir erleben bewusst, dass wir uns nun von diesem Körper getrennt haben.

Wir empfinden dabei ein wunderbares Gefühl der Freiheit. Endlich aus diesem Gefängnis befreit. Niemand der vielen Tausend Menschen, die z. B. nach einem Unfall tot waren und dann wieder reanimiert wurden, den Todesmoment also tatsächlich erlebt hatten, hat jemals berichtet, dass er in seinen Körper zurückgewollt hätte, dass er noch irgendetwas zu erledigen gehabt hätte, was ihn zurückhielt.

Dieses „geistige Ich", die Seele, ist also keinesfalls ein kurzfristiges Phänomen. Sie ist das, was die Erfahrung weiterträgt, und auf der Basis dieser Erfahrung kann dann der nächste Entwicklungsschritt in Angriff genommen werden.

Wir waren schon vor unserem jetzigen Leben in die Ganzheit eingebunden, und wir bleiben auch nach dem Tod unseres Körpers in diese Ganzheit eingebunden.

Wie ich schon an anderer Stelle gesagt habe, müssen wir, um dies begreifen zu können, unsere Vorstellung von Gott als einem menschenähnlichen Wesen, das sich in etwas bewegt (z. B. Himmel), einmal kritisch überdenken.

Nicht Gott bewegt sich in etwas, sondern alles bewegt sich in Gott. Gott ist nicht da und wir hier. Wir sind immer und überall in Gott. Wir sind Teil der göttlichen Ganzheit, obwohl Gott nicht teilbar ist.

Wir sind wie ein Tropfen Wasser, den wir dem Ozean entnehmen. Egal, ob nun dieser Tropfen Wasser auf unserer Hand verdunstet und später wieder als Wolke abregnet oder eine Menge anderer Erscheinungsformen durchläuft, er geht immer den Weg zu seiner Quelle zurück. Es gibt keinen anderen Weg.

Warum dies letztlich auch mit uns Menschen so ist, kann ich Ihnen nicht sagen, oder ich würde Gott verstehen. Aber kein begrenztes, menschliches Wesen kann einen unbegrenzten Gott wirklich verstehen, wenn wir „ver"-stehen dabei als „Verstandes"-leistung sehen. Unsere Werkzeuge reichen dazu nicht aus. Wir können es erahnen, wir können es fühlen, wir können sogar fühlen, dass es richtig ist, aber wir können es im vorgenannten Sinne nicht verstehen.

Der Verstand ist Teil unserer begrenzten Ebene. Er kann immer nur mit den begrenzten Aufzeichnungen aus der Vergangenheit unserer jetzigen Existenz arbeiten. Mit dem Ende der Durchblutung unseres Hirns stellt unser Verstand seine Tätigkeit ein.

Das einzige, was in der Konstruktion Mensch über die Existenz des Verstandes hinausgeht und dabei ebenso wie unser Verstand aufzeichnet und Erfahrungen sammelt, ist unser wahres ICH, die Seele.

Ihr Blickwinkel ist weitaus größer als der unseres Verstandes. Sie sieht übergreifend. Sie sieht über Geburt und Tod hinaus. Sie ist das Göttliche in uns, und in ihr sind die Weisheit und Erfahrung unserer endlosen Existenz gespeichert.

Nun ist uns aber dieses Wissen während einer begrenzten, irdischen Existenz nicht mehr oder nur in kleinen Bruchstücken zugänglich – mal mehr, mal weniger. Von solchen Bruchstücken möchte ich Ihnen nachfolgend berichten.

Salzburg

Wenn immer ich den Salzburger Dom betrete, habe ich das Gefühl, nach Hause zu kommen. Wieso? Als ich diesen Dom das erste Mal betrat, musste ich mich sehr zurückhalten, nicht nach vorne an den Altar zu gehen und eine Predigt zu beginnen. An diesem zunächst absolut unerklärlichen Gefühl hat sich bis heute nichts geändert. Alles ist mir hier vollkommen vertraut. Ich fühle mich hier nicht anders als in meinem Behandlungszimmer in Aschau. Wieso?

Natürlich bin ich es, die unbegrenzte Seele, die dieses Gefühl hat. Mit meinem Galan hat dieses Gefühl nichts zu tun. Ganz im Gegenteil. Er bemüht sich immer wieder mir klarzumachen, dass mit meinen Gefühl wohl etwas nicht stimmen kann, denn wenn es tatsächlich so wäre, wie ich es empfinde, müsste es dazu doch einige Anhaltspunkte oder gar Beweise geben, die mein Gefühl rechtfertigten. In gewisser Weise hält er mich für einen Spinner, was mich aber nicht stört. Inzwischen genießt er ja so etwas wie Narrenfreiheit bei mir.

Seine Skepsis ändert nichts an meinem Gefühl. Mag sein kleiner, begrenzter Verstand darüber grübeln und denken, was er will. Die einzige Erklärung, die er zunächst anzubieten hatte, war die Vermutung, dass diese Kirche Erinnerungen an eine andere Kirche, die mir vertraut ist, in mir weckt. Aber mir war in diesem Leben noch nie eine Kirche in irgendeiner Weise vertraut, wenngleich ich in meiner Jugend, im so genannten Schulgottesdienst, schon einmal als Vorbeter fungiert habe.

Als ich vor Jahren einen Vortrag von Eugen Drewermann in einer evangelischen Kirche in München anhörte, wäre ich am liebsten nach vorne gegangen und hätte den Vortrag an seiner Stelle weitergeführt. Ich spürte einen ungeheuren Drang in mir, dies so zu tun, und zweifelte keine Sekunde daran, das ich dies auch könnte. Größenwahn, Selbstüberschätzung?

Auf mich wirkte Drewermann so fernab der Menschen, so wenig anfassbar, so wenig im Leben. Ich hätte das ganz anders gemacht. Aber wieso? Woher kommen solche Überzeugungen? Ich habe in diesem Leben weder Theologie studiert, noch jemals in einer Kirche gepredigt. Mein Galan ist der Sohn eines ungelernten Fabrikarbeiters und hat so etwas auch zu Hause nicht mitbekommen. Aber ihn hatte ich ja sowieso nicht in Verdacht.

„Ich" weiß, dass es keine bloßen Hirngespinste sind, die da in mir ablaufen. Ich weiß es, ohne es zu wissen, wenn wir mein Wissen mit einem wissenschaftlich fundierten Verstandeswissen vergleichen. Mein Wissen ist jenseits des begrenzten Verstandes angesiedelt.

Aber es ist nicht nur der Salzburger Dom, in dem mich dieses Gefühl der absoluten Vertrautheit befällt. Irgendwie bin ich in der gesamten Stadt Salzburg und auch in ihrer Umgebung zu Hause. Irgendwie ist mir hier alles vertraut. Die Salzburger Dom-Buchhandlung ist inzwischen zu meiner Lieblingsbuchhandlung geworden, und wenn ich hier herumstöbere, habe ich das Gefühl, einer Quelle näher zu kommen, aus der ich noch viel Interessantes erfahren werde.

Wenn ich einen Vergleich für dieses Gefühl suche, dann kann ich es nur mit dem vergleichen, was ich einmal am Anfang meines Aufenthalts in Irland empfand. Auch hier fühlte ich mich zu Hause, auch hier war mir alles irgendwie vertraut, obwohl ich nachweislich vorher noch nie in Irland war.

Verzeihung, natürlich war es wieder Galan, der nachweislich vorher noch nie in Irland war. Galan ist auf das begrenzt, was sich zwischen seiner Zeugung und seinem Tod abspielt. Für mich, die unbegrenzte Seele, sind solche Abläufe nur Stationen auf einer langen Wanderung, Perlen in einer Kette.

Auch bevor Galan an den oberbayerischen Chiemsee zog, von wo aus es dann nur noch ca. 35 km bis Salzburg sind, war „er" nachweislich noch nie in dieser Gegend. Aber was hat ihn dann in diese Gegend geführt? Er ist doch im Rheinland geboren, sprach am Anfang seines Lebens nur rheinisches Platt, und der Mittelpunkt seines Lebens war lange Zeit der Köln-Düsseldorfer Raum.

Natürlich wird mein Galan dafür stichhaltige Argumente bereit haben. Argumente für das, was er tut oder getan hat, sind ihm noch nie ausgegangen. Den Freizeitwert könnte er anführen, das Klima, die Schönheit der Landschaft usw. Aber zu Bayern hätte es doch eine Vielzahl an Alternativen gegeben, mit ebenso hohem Freizeitwert, mit einer schönen Landschaft usw. Was zog uns also ausgerechnet dorthin?

Die damalige Situation in Düsseldorf, wo sich gerade „die Frau seines Lebens" von ihm trennte, könnte er noch anführen. Eines seiner tragisch-komischen Hirngespinste. Wäre es tatsächlich „die Frau seines Lebens" gewesen, hätte sie sich nicht von ihm getrennt. Wo blieb bei solchen Dingen sein sonst so logischer Verstand? Im Übrigen handelte es sich dabei nicht um die Dame, mit deren Spitzenunterhöschen wir über den Münchner Viktualienmarkt spazierten. Ich habe Ihnen davon erzählt.

War ich es etwa, der ihn in diese Gegend geführt hat? Aber das wäre mir doch dann bewusst, aber ich fühle mich ganz und gar unbeteiligt. Aber wer oder was war es dann? Wurden wir etwa beide an langer Hand dort hingeführt? Von unserer geistigen Führung sozusagen? Gibt es überhaupt so etwas wie eine geistige Führung, oder rührt dieses Gefühl der Vertrautheit allein aus meinen früheren Wanderungen her? Hatte ich hier schon einmal eine Rolle gespielt? Aber was sollte ich dann erneut hier? Das alles war doch längst Vergangenheit.

Seltsamerweise wollte ich das selbst alles gar nicht so genau wissen. Ich war zufrieden, wie es war. Aber mein Galan wäre nicht Galan, wenn sein ewig wissbegieriger Verstand dies nicht als eine Frage angesehen hätte, die er unbedingt klären wollte, und so machte er sich voller Optimismus an diese Aufgabe. Aber wo sollte er anfangen, wo könnte er so etwas wie stichhaltige Indizien finden? Ich will Sie von vorneherein in keine falsche Richtung führen.

Es gibt keine stichhaltigen Indizien. Es gibt keine „gerichtskräftigen" Beweise, wie man dies wohl nennen würde, für die Richtigkeit meiner Gefühle.

Aber es gibt Auffälligkeiten, es gibt Zusammenhänge und es gibt Konstellationen, die insgesamt als eine Bestätigung gelten könnten. Vor einem Gericht hätten sie, wie gesagt, keinen Bestand. Aber ich will ja auch nichts einklagen. Der derzeitige Salzburger Bischof kann ganz unbesorgt sein. Er muss meinen Drang zu predigen nicht fürchten.

Auf der Ebene des „be"-grenzten Verstandes, auf der Galan sich bei seiner Detektivarbeit zwangsläufig bewegen muss, kann die Frage, die sich aus unserem „un"-begrenzten Sein ergibt, mit Sicherheit nicht gelöst werden. Die Ebenen stimmten nicht überein. Wir haben darüber gesprochen. Es ist, als würden wir Meeresfrüchte auf einem Berg ernten wollen.

Ich ließ Galan trotzdem gewähren und schaute seinen Bemühungen irgendwie belustigt zu. Warum wollte er das unbedingt herausfinden? Was spielte das jetzt für eine Rolle? Es war, wie es war – oder wie es vielleicht auch nicht war. Auf jeden Fall war es der Schnee vom vorigen Winter. Darauf konnten wir jetzt weder ausrutschen noch Ski fahren, noch konnten wir ihn zur Kühlung unserer zahlreichen blauen Flecken verwenden.

Bereits unser erster Besuch im Salzburger Dom verlief einigermaßen seltsam. In den großen und mächtigen Portalen des Domes war nur eine kleine, eingelassene Tür geöffnet, durch die interessierte Besucher – immer nur einer hinter dem anderen – eintreten konnten. Der offensichtliche Sinn dieses Gänsemarsches schien mir unübersehbar.

Der Gang führte an einer kleinen Loge vorbei, aus der heraus jemand, freundlich grüßend, offensichtlich so etwas wie eine Spende erwartete. Natürlich nicht in direkter Weise, aber unterschwellig doch so deutlich, dass man ein schlechtes Gewissen bekam, ihm keinen Tribut zu zollen und einfach nur einzutreten.

In mir – oder war es in Galan – oder diesmal sogar in uns beiden – kam so etwas wie Zorn hoch. So etwa wie bei einem Hausherrn, der entdeckt, dass in seinem Haus etwas geschieht, was er so nicht akzeptieren kann. Dies ging uns total gegen den Strich, wie man so schön sagt.

So sehr ich mich nachher im Dom auch wohl fühlte, ich habe – seien Sie unbesorgt, ohne zu predigen – eine ganze Weile darin verbracht, so sehr stieg doch der gleiche Zorn wieder in mir hoch, als ich auf demselben Weg, den ich gekommen war, den Dom wieder verlassen musste.

Es gab keinen anderen Ausgang. Also wieder vorbei an der Loge, wieder vorbei an den aufgestellten Geldfressnäpfchen, und wieder schaute uns derselbe Türsteher so an, als würden wir etwas höchst Unrechtes tun, den Dom zu verlassen, ohne unseren Obolus zu entrichtet zu haben. Dieser indirekte Druck wirkte wie ein rotes Tuch auf uns.

Galan sprach den Türsteher an und machte ihn darauf aufmerksam, dass man in einem Haus Gottes eigentlich keinen Eintritt zu zahlen hat und er den von ihm ausgehenden indirekten Druck als ziemlich unpassend empfinde.

Die Antwort des Türstehers war die eines Menschen, der keinen Millimeter mehr sein Programm in Frage stellen konnte. Er reagierte ganz und gar unhöflich und zudem auch unchristlich, indem er meinen Galan darauf hinwies, dass er ja zu nichts gezwungen werde und dass er von Besuchern seiner Art ohnehin die Nase voll habe.

Wenn Sie in Salzburg sind, gehen Sie doch auch einmal in den Dom hinein und schauen sich dieses Prozedere an. Vielleicht empfinden Sie das Gleiche. Ich bin ganz sicher, es gibt sogar eindrucksvolle Argumente für diesen Ablauf: Die Gefahr des Diebstahls, die Kosten für die Erhaltung des Domes usw. usw. Aber ich kann hier nur so berichten, wie ich es empfand.

Wenn ich im Salzburger Dom ganz vorne an der Absperrung zum Altar stehe und von dort zurück in das Kirchenschiff schaue, dann bin ich ganz sicher, dass ich dieses – oder vielleicht doch nur ein ähnliches – Bild schon hunderte Mal gesehen habe. Aber, wie gesagt, was heißt wissen? Vielleicht ist es auch nur die Energie des Platzes, die mich so empfinden lässt, und das Bild war ganz anders. Ich will mich nicht auf etwas versteifen, und mein Galan will mich immer wieder verunsichern.

Er weiß z. B., dass ich dieses Bild gar nicht so oft gesehen haben kann, wir waren ja inzwischen höchstens zwanzig Mal hier, und als ich es zum ersten Mal so empfand, war er auch nachweislich zum ersten Mal dort, zudem sei der Dom mehrmals abgebrannt, danach wieder aufgebaut und erweitert worden. Aus seiner Sicht hat er natürlich recht.

In der Krypta des Salzburger Domes, mit den Gräbern ehemaliger Bischöfe, empfinde ich dagegen rein gar nichts. Diese Krypta hat nichts mit mir zu tun. Mit Sicherheit war ich nie mit einem der Körper verbunden, die hier begraben sind. Aber was heißt das schon?

In einem Buch über die Salzburger Erzbischöfe aus zwölf Jahrhunderten, das Galan in der Salzburger Dombuchhandlung fand, entdeckte ich – oder war es diesmal doch er – eine heiße Spur.* Die Geschichte des Pilgrim II. von Puchheim, der von 1366 bis 1396 das Amt des Salzburger Metropoliten inne hatte, las sich für mich wie mein eigener Lebenslauf. Auch seine darin vorgenommene Charakterisierung war mir sehr vertraut, worüber Galans begrenzter Verstand natürlich wieder nur den Kopf schütteln konnte.*

Dieser Pilgrim war ein machtbesessener Mensch und mehr dem Weltlichen als dem Geistigen zugetan, obwohl er bereits bei seiner Wahl zum Erzbischof als Priester geweiht war, was zur damaligen Zeit keineswegs selbstverständlich war. Er war ein geschickter und ehrgeiziger Politiker, der seinen Machtbereich ständig zu vergrößern verstand.

---

* Kraml-Weiß (Hg): Lebensbilder Salzburger Bischöfe aus zwölf Jahrhunderten. Eigenverlag des Vereins „Freunde der Salzburger Geschichte“.

Vor allem hatte er es auf die Einverleibung der Propstei Berchtesgaden abgesehen, die ihm unter anderem eine mächtige Position im Salzhandel verlieh. Zusammen mit der bereits zu seinem Bereich gehörenden Salzgewinnung und auch dem Salzhandel sicherte er sich damit so etwas wie ein Monopol.

Er manövrierte auf der weltlichen Ebene geschickt zwischen Bayern, Österreich, der Grafschaft Tirol und den Habsburgern, und auf der kirchlichen Ebene zwischen Avignon und Rom. Er war das, was man heute als ein ausgesprochenes Schlitzohr bezeichnen würde.

Dabei liebte er den Prunk und die schönen Künste, war aber gleichzeitig kriegerisch und brutal in der Durchsetzung seiner Interessen. Mehrmals zog er als Kriegsherr an der Spitze seiner Söldnertruppen ins Feld. Er war neuen Ideen stets zugänglich, litt dabei aber unter einer gewissen Selbstüberschätzung. Als Erzbischof von Salzburg unterstanden ihm natürlich auch die zu Salzburg gehörenden Bistümer Chiemsee, Seckau in der Steiermark, Gurk und Lavant, die er vorwiegend mit Mitgliedern seiner Familie besetzte.

1379 erwarb er pfandweise auch das Bistum Passau. 1385 erwarb er dann gegen Rückkaufrecht auch das völlig verschuldete Bistum Regensburg für ganze 18 000 Gulden. Vom Papst holte er sich den Gnadenbeweis ein, sich selbst einen Beichtvater aussuchen zu dürfen, der ihn für seine direkten Beteiligungen an kriegerischen Handlungen die Absolution erteilte. Nicht ganz unpraktisch. Ein Schlitzohr eben.

Nun, warum erzähle ich Ihnen dies alles? Schließlich wollten Sie keine Abhandlung über das bunte Treiben mittelalterlicher Salzburger Erzbischöfe lesen. Keine Angst, ich halte diese Darstellung so kurz wie möglich, denke aber, dass sie für das bessere Verständnis meiner Salzburg betreffenden Gefühle und der

Auffälligkeiten und bestimmter Konstellationen in meinem jetzigen Leben wichtig ist.

Ich bin überzeugt, dass die Erde so etwas wie eine Schule ist, die wir als unsterbliche Seele so lange von Inkarnation zu Inkarnation durchlaufen, bis wir das Schulziel erreicht haben. Jede Inkarnation steht dabei in direktem Zusammenhang mit den vorherigen und bestimmt durch ihr jetziges Ergebnis ebenso den inhaltlichen Schwerpunkt unserer nächsten Inkarnation.

Alles steht in Zusammenhang. Alles ist mit allem verbunden. Nichts kann isoliert betrachtet werden, weder unsere jetzige persönliche Existenz noch unsere Lebensumstände. In diesem System gibt es keinen Zufall. Jede Inkarnation ist so etwas wie das letzte Glied einer Kette, das in das vorhergehende Glied einhakt, oder die Kette käme nicht zustande. Das vorletzte Glied ist dann wieder mit dem vor-vor-letzten Glied verbunden usw.

Dies ist letztlich das System jeder Entwicklung. Würde alles nur einmalig stattfinden und wäre nicht miteinander verbunden, würde keine Kette und damit auch keine Entwicklung zustande kommen. Alles würde immer wieder bei Null beginnen.

Die letzten Inkarnationen sind unsere Ausgangsbasis. Aus ihr bringen wir – trotz einer sicher völlig neuen Zielsetzung – gewisse Neigungen, Talente und Verhaltensstrukturen mit. So hat z. B. Mozart in seinem uns bekannten Leben sicher nicht zum ersten Mal komponiert, an einem Klavier gesessen oder Geige gespielt.

Es können auch nicht nur die vererbten Gene seines Vaters gewesen sein. Diese betreffen allein die begrenzte Ebene. Sicher hat ihm seine Geburt im Hause des Kapellmeisters Mozart bei der Entwicklung seines Talents geholfen. Aber das alleine kann es nicht gewesen sein, oder seine Geschwister müssten über das gleiche Können verfügen. Aber wieso wurde er ausgerechnet dort geboren – Zufall?

Ich sagte bereits, dass das familiäre Umfeld, in das wir hineingeboren werden, keinesfalls Zufall ist. Es setzt uns in der Regel auf den Gegenpol unseres Lernziels, damit wir von dort den Weg zum Ziel erarbeiten können. Wolfgang Amadeus Mozart durfte offensichtlich – unter Umgehung dieses Gegenpols – da nahtlos weitermachen, wo er irgendwo vorher aufgehört hatte. Nichts ist immer und ausschließlich so, es ist immer nur auffallend häufig so. In der göttlichen Schöpfung ist jede Konstellation möglich.

Aber versuchen wir nun einmal die Spuren des Pilgrim von Salzburg im jetzigen Leben meines Hans Werner bzw. Galan zu entdecken.

Verzeihung, dieser Ansatz ist natürlich Unfug. Solche Spuren sind ausschließlich in mir, der unsterblichen Seele, und nicht in der begrenzten Existenz meines Hans Werner bzw. Galan zu finden. Ich habe ihm allzu oft die Schuld gegeben, habe ihm allzu bereitwillig etwas unterschoben, was in Wahrheit mehr mich als ihn betraf.

„Ich“ bin der eigentliche Ursprung seiner Charakterzüge, im Guten wie im Schlechten. „Ich“ habe vieles erst möglich gemacht. Erst durch die Dispositionen in mir hat er mich zeitweilig einwickeln können.

Zumindest habe ich ihm viele seiner Eskapaden erleichtert. Es war mein Fehler, dies nicht immer zu erkennen. Auch ich hatte es mir zeitweise zu bequem gemacht, obwohl ich zumindest am Anfang dieser Inkarnation ja noch ganz klar wusste, um was es für mich in diesem Leben ging.

Liebe, Mitgefühl und Demut standen auf meinem Lebensplan. Wenn wir die Figur des Pilgrim betrachten, ein sicher mehr als notwendiger Ausgleich. Hier war einiges nachzuholen. Hier war einiges zu entwickeln, was unter den Teppich gekehrt worden war.

Von einer anderen kleinen Begebenheit möchte ich Ihnen noch berichten, die in die Kette der vielen Indizien passt, die ich inzwischen für meine alte Verbindung zu Salzburg gesammelt habe.

An einem schönen Sommertag des Jahres 1993 fuhr ich, zusammen mit meiner Frau, durch das Chiemgauer Land in Richtung Waging, wo wir im Waginger See baden wollten. Wie immer bevorzugten wir dabei kleine Nebenstraßen, auf denen so gut wie kein Verkehr herrschte. Das Land, durch das wir fuhren, war leicht hügelig. Ein Hügel sah aus wie der andere. Eine typische Voralpenlandschaft, von ehemaligen Gletschern sanft eingeschliffen.

Trotz der Gleichförmigkeit zog mich einer der Hügel magisch an, und ich überlegte mit meiner Frau – die ihrerseits überhaupt nicht verstand, was daran wohl interessant sein sollte –, wie man dort hinkommen könne. Der einzige kleine und einspurige Weg, den wir entdecken konnten, führte direkt zu einem Bauernhof, der am Fuß dieses Hügels lag. Wir fuhren zu diesem Bauerhof und standen etwas unschlüssig da. Um auf den kleinen Hügel zu gelangen, hätten wir den Bauernhof durchqueren müssen. Aber durften wir das? Würde der Bauer das akzeptieren?

Meine Frau hatte inzwischen ein kleines Schild entdeckt, auf dem die Zeile „Fliegerkapelle“ mit einem Pfeil in Richtung des Hügels stand. Wir konnten zwar keine Kapelle entdecken, nahmen dies aber als Alibi, den Bauernhof zu durchqueren. Höher als etwa fünfundzwanzig Meter war dieser Hügel nicht, und als wir oben ankamen, entdeckten wir auf der gegenüberliegenden abschüssigen Seite des Hügels tatsächlich das Dach einer kleinen Kapelle. Von grasenden Kühen umgeben, die dort weideten, uns neugierig betrachteten und auch beschnupperten, gingen wir, all unseren Mut zusammennehmend, durch die Kuhherde hindurch zur Kapelle.

In dieser kleinen Kapelle von vielleicht fünf Quadratmeter Grundfläche, die noch einmal extra eingezäunt war, damit die Kühe sie nicht ramponierten, entdeckten wir dann eine Gedenktafel, die an den Absturz eines Flugzeuges im Zweiten Weltkrieg erinnerte, bei dem die englische Besatzung der Maschine ums Leben gekommen war. Alle Namen waren aufgeführt. Aber das war nicht das, was mich vordergründig interessierte, so bedauernswert dies auch war. Krieg ist immer etwas Bedauernswertes und völlig Sinnloses.

Auf einer weiteren Tafel, im kleinen Eingang der Kapelle, war die Geschichte dieses Hügels aufgezeichnet, die bereits im 8. Jahrhundert begann. Danach stand hier einmal eine Burg Trolsheim, von der heute absolut nichts mehr zu erkennen war. Auf dieser Burg residierten einmal die „Edlen von Tettelham“, was mir auch nicht besonders nahe ging, mögen sie auch noch so edel gewesen sein. Aber was hatte mich hier hingezogen? Dies war doch kein Zufall. Und dann entdeckte ich es:

1349 erwarb Erzbischof Ortholb v. Salzburg dieses Anwesen und errichtete darin ein Pflegegericht. So kam es in den Besitz der Salzburger Bischöfe und ich bin sicher, ich muss, zumindest in der Zeit danach, etwas mit diesem Platz zu tun gehabt haben, oder es hätte mich nicht hierher geführt. Sie, verehrte Leser, könnten hundertmal an diesem Hügel vorbeifahren, sie würden ihn wahrscheinlich nicht einmal wahrnehmen.

Ich war dann noch viele Male dort, zuletzt vor ein paar Wochen, und jedes Mal verweile ich einige Zeit auf diesem Hügel. Dieser Platz lässt einen unendlichen Frieden in mir entstehen. Der Blick in das umliegende Land ist mir sehr vertraut, obwohl ich, bis ich ihn entdeckte, nachweislich niemals hier war. Verzeihung, Galan war natürlich vorher niemals hier.

Mit einer Seminargruppe habe ich dann dort sogar einmal eine Meditation durchgeführt. Die Bäuerin, die in der kleinen Kapelle die Blumen wechselte, gesellte sich dabei zu uns. Wir bildeten einen Kreis, fassten uns bei den Händen, und wie in Trance sprach ich Worte dazu, die allen sehr nahe gingen. Die Bäuerin hatte Tränen in den Augen und sagte, dass sie so etwas noch nie erlebt habe.

Dies alles geschah gleichermaßen jetzt und doch nicht jetzt. Wir – oder vielleicht auch nur ich – waren für einen Moment wieder in die Ganzheit eingetaucht.

Alle konnten spüren, dass hier etwas Außergewöhnliches geschah.

Wie sieht es in Ihrem Leben aus? Gibt es dort auch einiges, was Sie mit Ihrem Verstand nicht erklären können? Zögern Sie nicht, mir eine E-Mail zu schreiben. Ich bin sehr interessiert.

Und die Moral von der Geschicht …

… macht euch keine Sorgen nicht!

So etwa hätte es Karl Valentin ausgedrückt.

Was könnte ich Ihnen Schöneres sagen, als dass Sie, die Seele in Ihrem Körper, vollkommen in die göttliche Schöpfung eingebunden sind, und dass alles, was in Ihrem Leben passiert, ausschließlich *für* Sie und niemals *gegen* Sie geschieht.

Was könnte ich Ihnen Schöneres sagen, als dass Sie, die Seele in Ihrem Körper, auf Ihrem unendlichen Weg geführt, geschützt, getragen und erhalten werden.

Wenn Sie mir nun sagen, dass Sie in vielen Dingen Ihres Lebens leider keinen Sinn erkennen können und dass Sie auch keineswegs das Gefühl haben, geschützt, getragen und erhalten zu werden – wenn Sie z. B. an Krebs erkrankt sind –, dann liegt dies nicht etwa daran, dass dies in Ihrem Leben auch tatsächlich so zutreffen würde, es liegt allein daran, dass Sie blind sind. Verzeihung, wenn ich das so direkt sage. Sie versuchen mit den Augen Ihres begrenzten, menschlichen Egos etwas zu erkennen, was auf einer ganz anderen Ebene abläuft. Sie schauen einfach durch die falsche Brille. Alles, was in Ihrem Leben geschieht, hat einen Sinn für Sie, auch eine Krankheit.

Wie oft ist zu beobachten, dass Menschen nach einer überstandenen schweren Krankheit ihr Wertesystem vollkommen ändern, ja dass sie nun ihr Leben mit ganz anderen Augen betrachten. Dinge, die ihnen vorher wichtig waren, haben nun keine Bedeutung mehr, und umgekehrt. Hätten sie die Änderung freiwillig vorgenommen, wäre die Krankheit nicht notwendig geworden. Die Krankheit war ihre Chance. Danke für die Krankheit!

Albert Einstein sagte Folgendes:

„Probleme lassen sich niemals innerhalb derselben Denkweise lösen, mit der sie verursacht wurden."

Wir müssen folglich die Betrachtungsebene wechseln. Glauben Sie etwa, ich wäre glücklich und zufrieden gewesen, als ich mich z. B. über Nacht von meinem Wasserschloss trennen musste oder meine beiden Landsitze in Irland verlor, um nur zwei Beispiele zu nennen. Nein! Ganz im Gegenteil. Ich habe gehadert mit dieser Art Schicksal, das ich ja eigentlich gar nicht selbst verursacht hatte. So sah es damals jedenfalls mein Hans Werner.

Er hat das nicht einfach so annehmen können, und trotzdem wäre genau das der richtige Weg gewesen. Aber dies konnte ich erst mit einem größeren zeitlichen Abstand erkennen. Auch ich schaute damals durch die falsche Brille, ließ mich einlullen und war allzu gerne bereit, die Opferrolle anzunehmen.

Heute weiß ich, dass wir niemals Opfer sind.

Wenn Sie Ihr eigenes Leben betrachten und sich dabei irgendwo in so etwas wie einer Opferrolle entdecken, verabschieden Sie sich ganz schnell von diesem Unfug. Sie betrügen sich selbst, bzw. Ihr begrenztes Ego-Ich versucht die unbegrenzte Seele einzulullen. Ein Opfer kann ja selbst nichts tun …

Aber auch Sie sind kein Opfer. Nehmen Sie die Situation, in der Sie sich als Opfer fühlen, als eine Aufgabenstellung an,

die Sie zu lösen haben, aber nehmen Sie sie niemals als so genanntes Schicksal hin.

Fragen Sie sich, was Ihnen die Situation sagen will. Fragen Sie sich, was Sie daraus lernen sollen. Wechseln Sie die Betrachtungsebene und packen Sie die in Ihrer Situation enthaltene Aufgabe endlich an. Nutzen Sie die Chance des Weiterkommens, und baden Sie nicht in Selbstmitleid.

Ich möchte noch einmal deutlich machen: Alles ist mit allem verwoben, nichts geschieht außerhalb des Ganzen. Es gibt keine Irrtümer in unserem Lebensablauf, und wenn wir glauben, trotz aller Anstrengungen keinen Sinn für uns entdecken zu können, müssen wir zu einer übergreifenden Betrachtungsweise wechseln. Auf unserem langen Weg gleicht sich auch das aus, was auf einem einzelnen Teilstück zunächst unausgeglichen scheint.

Unsere wahres Wesen, unser unbegrenztes, göttlich-geistiges ICH, die Seele, existierte vor unserem jetzigen Leben und wird auch nach diesem Leben weiterexistieren. Auf dieser Ebene gibt es keinen Tod. Spätestens auf dieser Ebene gleicht sich immer wieder alles aus, obwohl ich verstehen kann, dass Sie den Ausgleich lieber jetzt und sofort hätten. Mir ging es nicht anders.

Meine Feststellung der Unsterblichkeit der Seele entspricht ja auch durchaus der Lehre der christlichen Kirchen. Der entscheidende Unterschied besteht allerdings darin, dass die heutige christliche Lehre das Leben eines Menschen als einen einmaligen Vorgang sieht, in dem er sich z. B. Himmel oder Hölle zu verdienen hat, worüber dann beim so genannten „Jüngsten Gericht“ entschieden wird. Ich dagegen sehe die Existenz einer Seele als endlose Existenz, worin auch eine Abfolge mehrer irdischer Leben enthalten ist.

In diese Abfolge irdischer Existenzen bleiben wir so lange eingebunden, bis wir das, was wir auf dem Planeten Erde zu lernen haben, tatsächlich verinnerlicht haben. Wir haben damit so etwas wie eine unbefristete Chance.

In einer nur einmaligen menschlichen Existenz hingegen läge nach meinem Empfinden eine ungeheure Ungerechtigkeit. Ein Mensch wird z. B. als Prinz an einem königlichen Hof geboren und entsprechend gefeiert, während ein anderer nach seiner Geburt in Zeitungspapier gewickelt und in eine Mülltonne geworfen wird.

Wo wäre der Aspekt der Gerechtigkeit, wenn beide nur dieses eine Leben hätten? So kann ich mir einen gerechten Gott nicht vorstellen. Es muss die Möglichkeit eines Ausgleichs geben, und seien Sie ganz unbesorgt, es gleicht sich immer wieder alles aus. Kein Konto bleibt unausgeglichen.

Wo bliebe z. B. der Aspekt der Gerechtigkeit, wenn ein dreijähriges Kind an Blutkrebs stirbt? Was sagt man dann den Eltern? Ich hatte einen solchen Fall. Erst als ich den Eltern eine übergreifende Sicht nahe bringen konnte, mochten sie überhaupt über so etwas wie Gott mit mir weiterreden.

Ich habe ihnen erklärt, dass es durchaus möglich ist, dass wir auf der unbegrenzten Seelenebene so etwas wie Verabredungen treffen und dass es sein kann, dass die Seele ihrer verstorbenen kleinen Tochter ihnen mit ihrem frühzeitigen Tod ganz bewusst die Aufgabe des Loslassens und damit auch des Annehmens bereitet hat. Zumindest war dies der Ansatz einer Erklärung, die die Eltern dankbar annahmen.

Die Lehre der Wiedergeburt war fester Bestandteil des Urchristentums. Origines, einer der großen Kirchenväter, war einer ihrer größten Verfechter. Erst im Jahre 544 n. Ch. wurde die Lehre der Wiedergeburt dann aus der Bibel gestrichen. Der damalige römische Kaiser Justinian hatte dazu eigens ein Konzil nach Nicäa einberufen, dem der damalige Papst Vigilius, aus Protest über die Einberufung des Konzils durch den Kaiser, fernblieb. Inzwischen war die christliche Lehre vom römischen Kaiser zur Staatsreligion erklärt geworden, und in Religionsfragen mischte er demzufolge kräftig mit.

Vigilius weigerte sich dann auch, die Konzilsakte zu unterschreiben. Ein Jahr später wurde er deshalb mit Gewalt nach Konstantinopel gebracht, wo er – unter Androhung der Ausrufung eines Gegenpapstes – die Konzilsakte doch noch unterschrieb. So verschwand die Lehre der Wiedergeburt aus der christlichen Lehre. Sie ist also keineswegs etwas Fremdes oder gar Fernöstliches.

Ich weiß nicht, wie es Ihnen ergeht, aber mir gibt das Wissen um die Endlosigkeit des Lebens eine ungeheure Ruhe und Gelassenheit.

Ich kann nichts versäumen, ich kann nichts verpassen. Ich bin immer eingebunden, ich werde geführt, ich werde geschützt, ich werde erhalten. Nichts geschieht gegen mich.

Mein Lebensverlauf liefert mir den Beweis dafür, dass dies die Wahrheit ist. Deshalb habe ich Sie daran teilnehmen lassen. Auch wenn ich selbst zeitweise überhaupt nicht erkennen konnte, dass etwas für mich geschah, geschah es trotzdem für mich. Aber hier müssen wir wieder sorgfältig das ICH analysieren, das dies nicht erkennen konnte.

Nun muss ich gleichzeitig warnen. Es ergibt keinen Sinn, nun mit allen Mitteln herausfinden zu wollen, ob und in welcher Rolle wir schon einmal gelebt haben. Auf diesem Feld treibt eine Menge Scharlatane ihr Unwesen, und bei der Bewältigung unserer jetzigen Aufgabenstellungen hilft es uns eigentlich gar nichts. Vielleicht können wir an der einen oder anderen Stelle etwas leichter über uns selbst schmunzeln, erkennen Wesenszüge, Vorlieben und Neigungen, die nicht unbedingt mit diesem Leben etwas zu tun haben müssen. Mehr ist es nicht.

Nicht ohne Grund sind uns bestimmte Dinge verschlossen, und wir sollten uns nicht anmaßen, etwas leichtfertig zu öffnen, was Gott verschlossen hat.

Wenn es wichtig für uns ist, wird es uns bewusst werden. Heute z. B. unterstütze ich die Ausgrabungsarbeiten meines Galan in Sachen Salzburg nicht mehr. Eigentlich habe ich das ja auch nie getan, ich konnte ihn nur nicht bremsen. Er war der Neugierige. In mir war es ohnehin verankert.

Entscheidend für den Erfolg unseres Lebens ist das richtige ICH-Bewusstsein. Sehe ich mein ICH in diesem begrenzten Körper, identifiziere ich mich allein mit meinem begrenzten Verstand, meinem Beruf, meiner gesellschaftlichen Position und vielleicht auch noch mit der Materie, die ich angesammelt habe, wird mir die Lebenserfahrung einer wunderbaren inneren Ruhe und Gelassenheit wohl nie zuteil werden.

Das begrenzte ICH, mit dem ich mich da fälschlicherweise identifiziere, wird niemals Ruhe geben. Selbst wenn wir alles erreicht hätten, würde es sich Sorgen darum machen, wie wir nun das Erreichte absichern und erhalten können.

Wird mir hingegen bewusst, dass ich das unbegrenzte, geistige Wesen in diesem Körper bin, dass ich diesen Körper lediglich als eine Gestalt angenommen habe, in der ich bestimmte

Erfahrungen auf dieser Erde machen will, entsteht eine wunderbare, innere Freiheit.

Trotzdem wird das begrenzte Ego-ICH immer wieder angreifen, wie Sie es an meinem Lebensverlauf gesehen haben.

Bleiben Sie also wachsam.

Matt Galan Abend

GALAN-MASTER-TRAINING
„DER WEG ZUR MEISTERSCHAFT DES LEBENS“

*

EINZELCONSULTING IN ALLEN BERUFLICHEN
UND PRIVATEN PROBLEMSTELLUNGEN.
INTENSIVWOCHEN UND SEMINARE.

*

NEUE PSYCHOLOGIE UND
PSYCHOTHERAPIE
GANZHEITLICHE LEBENSHEILUNG

Ihre Kontaktmöglichkeit zum Autor:

WWW.GALAN-MASTER-TRAINING.DE
E-MAIL: GALANMASTER@AOL.COM

Heilung und Neugeburt

Aufbruch in eine neue Dimension des Lebens

Barbara Schenkbier / Karl W. ter Horst

Hardcover, 272 Seiten, 30 Fotos, 10 Grafiken – ISBN 3-936486-57-3

Immer mehr Menschen suchen Auswege aus Einsamkeit und Trauer, Isolation und Sinnkrise. Sie sehnen sich nach Wärme und Licht, einem Aufbruch ins Leben, dem erneute Enttäuschungen und Niederlagen erspart bleiben. Barbara Schenkbier und Karl W. ter Horst geben anregende Impulse für den Aufbruch in eine neue Dimension des Lebens, für die spirituelle Neugeburt des Menschen. Diese Impulse sind begleitet von wegweisenden Ratschlägen für die Heilung von Seele und Körper. Die Autoren schöpfen aus der spirituellen Erfahrung einer neuen Dimension der Heilung und der Geschichte ganzheitlicher Heilverfahren aus dem göttlichen Feld. Die spirituelle Heilung wird ausführlich dargestellt. Mit einer bisher unveröffentlichten evolutions-psychologischen Methode ermöglichen sie dem Leser überraschende Einblicke in die verschlungenen Verläufe seiner eigenen Entwicklung. Alles Mitmenschliche und Kraftspendende, das dabei ans Licht des Bewusstseins dringt, bewerten die Autoren als Quellen von Heilung und Glück.

Auf halbem Weg zum Gipfel der Erleuchtung

Die Gefahren und Irrtümer verfrühter Ansprüche, erleuchtet zu sein.

Mariana Caplan

Paperback, 272 Seiten – ISBN 3-928632-95-7

Welches sind die Maßstäbe für Erleuchtung? Werden wir jemals ganz oben auf dem Gipfel ankommen? Welche Fallen und Krisen erwarten uns auf dem Weg zum Gipfel? Diesen und vielen anderen Fragen ist Mariana Caplan in dem vorliegenden Buch nachgegangen. Zu diesem Zweck studierte sie die Schriften berühmter spiritueller Lehrer aus allen Epochen, unter ihnen Johannes vom Kreuz, Carlos Castaneda, Chogyam Trungpa und viele andere. Des weiteren führte sie viele persönliche Interviews mit bekannten spirituellen Meistern unserer heutigen Zeit. Dieses Buch beschreibt offen alle Fallgruben und Hindernisse, die dem Menschen auf seinem spirituellen Weg begegnen können. Es zeigt uns, wie Macht und Korruption unser Ego verführen, und welche Krisen uns auf unserem Weg erwarten. Zugleich weist es aber auch Wege durch das „Minenfeld" falscher Erleuchtung und zeigt, wie man trotz aller Gefahren auf den richtigen Weg zurückfindet.

24 Stunden luzid träumen

Techniken, um den nichtdualistischen träumenden Hintergrund der Alltagsrealität wahrzunehmen

Arnold Mindell

2. Auflage

Paperback, 274 Seiten, 52 Graphiken – ISBN 3-936486-03-4

In seinem neuesten Buch *„24 Stunden luzid träumen"* zeigt der innovative Psychotherapeut und spirituelle Lehrer Arnold Mindell zum ersten Mal auf, wie man in die Welt des Träumens eintritt, jene Welt, aus der die sichtbare Realität hervorgeht. Greift man Ereignisse, die die eigene Aufmerksamkeit erregen wie beispielsweise Körpersymptome, Beziehungsmomente, spontane Gedanken und Phantasien auf und entfaltet deren Signale mit Hilfe der Methode des 24 Stunden luziden Träumens, tritt man vollkommen wach in die nichtdualistische Welt des Träumens ein und lernt deren Botschaften zu verstehen und in die Alltagswelt einzubringen. Die Praxis des 24 Stunden luziden Träumens hilft bei der Lösung persönlicher, körperlicher oder emotionaler Probleme. Sie hilft bei der Lösung von Konflikten in Beziehungen, Familien, Großgruppen, Unternehmen und sogar in der Politik.

Karmaheilung durch Liebe

Das innere Gesetz des Ausgleichs

Hans Vater

Hardcover, 176 Seiten – ISBN 3-86616-023-2

Verstehen wir eigentlich wirklich, was das Wort „Karma" beinhaltet? Ist Karma die göttliche Gerechtigkeit – nach der mir mein Schicksal von Gott oder von irgendwelchen „Herren des Karma" zugeteilt wird? Oder ist es „einfach nur" das Gesetz von Ursache und Wirkung, nach welchem meine früheren Taten quasi mechanisch zu mir zurückkehren? Diese gängigen Interpretationen stimmen nicht mit den Ergebnissen der Reinkarnationsforschung überein, und sie stecken zudem voll innerer Widersprüche. Dieses Buch begründet die These, dass sich jede Seele ihr Schicksal, ihr „Karma", freiwillig selbst auferlegt: Die Seele verspürt den tiefen inneren Drang, ein Ungleichgewicht auszugleichen, das im Austausch mit anderen Seelen entstanden sein mag. Auf diese Weise versucht sie, eine Trennung und einen Mangel an Liebe zwischen ihr und einer anderen Seele wieder zu heilen. Sobald die Liebe wieder gewonnen ist, ist damit auch das Karma gelöst.

Die Kunst des Augenblicks

Ein Leitfaden zur Persönlichkeitsentwicklung

Guido Kientopf

Paperback, 296 Seiten – ISBN 3-86616-009-7

Viele Menschen möchten ihr Leben nicht einfach so dahinleben, sie wollen es sinnvoll gestalten, sie wollen, dass ihr Leben gelingt. Die *Kunst des Augenblicks* ist ein ausgewogener Leitfaden, der aufzeigt, welche Wege zu einem gelingenden Leben führen. Auf diesem Weg zählen aber nicht nur Erfolg und Reichtum, universale Werte wie Liebe oder Mitgefühl gehören dazu. Sie bilden hierfür sogar die Grundlage. In diesem Zusammenhang ergänzt der Autor Wissenschaftliches mit Religion und mit Spiritualität. Dieses Buch hilft also dabei, unsere ursprüngliche Ganzheit wieder zu entdecken, und zeigt, dass Spiritualität und Wissenschaft hierbei nicht im Gegensatz zueinander stehen. Die *Kunst des Augenblicks* vereint somit alle wichtigen Aspekte, die eine Rolle spielen, wenn wir uns auf die wunderbare Reise der Persönlichkeitsentwicklung begeben. Als Ergebnis werden wir vermehrt im Augenblick verweilen, was nichts anders bedeutet, als Sinn und Glück zu erleben.

Die unbegrenzten Dimensionen deiner spirituellen Kraft

Ein inspirierender Wegweiser zur persönlichen Freiheit

Nick Williams

Paperback, 288 Seiten – ISBN 3-936486-70-0

Macht und Kraft faszinieren uns alle. Doch in weiten Teilen der Welt können wir beobachten, welche verheerenden Folgen es hat, wenn Macht falsch verstanden wird. Nick Williams spricht in diesem bahnbrechenden Buch von einer ganz anderen Macht: der Macht der Liebe, der Inspiration und der Kreativität. Wir können eine unglaublich positive Entwicklung erfahren, wenn wir die mystische Kraft der Liebe in den Mittelpunkt unseres Lebens stellen. Der Autor erinnert uns daran, dass wir aus uns selbst heraus ungeheuer kraftvoll und nicht darauf angewiesen sind, Macht von außen verliehen zu bekommen. Unsere spirituelle Kraft liegt in dem Wissen, dass wir die Quelle unserer Gedanken transformieren können: von der Angst zur Liebe. Nick Williams zeigt uns in praktischen Schritten, wie das gelingt.

Fragen, die das Herz bewegen

Außergewöhnliche Menschen im Interview über Glück, Lebenssinn, Erfolg, persönliche Träume und globale Visionen

Jill Möbius / Rüdiger Schache

Paperback, 176 Seiten, 32 Fotos – ISBN 3-86616-004-6

Seit jeher beschäftigen dieselben existenziellen Fragen die Menschheit – Fragen nach dem Sinn des Daseins, nach der Beschaffenheit der Welt und unserer persönlichen Lebensaufgabe, Fragen nach dem Rezept für ein glückliches und erfülltes Leben. In diesem Buch antworten außergewöhnliche Menschen – bekannte Schauspieler, Künstler, Abenteurer, Politiker, spirituelle Lehrer und Wissenschaftler unterschiedlicher Nationalitäten – auf dreizehn wesentliche Lebensfragen. Aus ihrem reichhaltigen Erfahrungsschatz geben sie ihre persönlichen Erfolgsgeheimnisse preis. Offenherzig sprechen sie über persönliche Träume, Liebe, Hoffnungen und ihre globalen Zukunftsvisionen. Im anschließenden Resumee bilden die Autoren eine Essenz aus den Antworten und zeigen praktische Wege für die Übertragung in den Alltag. Ein unterhaltsames Buch zum Schmökern, Staunen, das uns darauf besinnen lässt, was im Leben wirklich wichtig ist.

Die Neugestaltung der vernetzten Welt

Global denken – global handeln

Ervin Laszlo

Hardcover, 192 Seiten – ISBN 3-936486-66-2

Die Bereitschaft zum nüchtern und wissenschaftlich fundierten, gleichwohl aber mutig visionären „globalen Denken“ nimmt in allen Bereichen der Gesellschaft erfreulich zu. Die Erde ist zu unserer einen Heimat geworden und dementsprechend ist unsere Verantwortung: für die „Einheit in der Vielfalt“ von der Biosphäre bis zum feinsinnigen Beziehungsgeflecht der Menschheit. Ervin Laszlo, Zukunftsforscher und Vordenker eines neuen Denkens, zeigt in seinem neuen Buch, wie sich neue Denkstrukturen der Vernetzung, Gleichgewichte und Entwicklungsgesetze parallel in allen Wissenschaften wie im gesellschaftlich-politischen Denken immer mehr durchsetzen. Diese verändern nicht nur unser Welt- und Menschenbild aufs Neue und zutiefst. Das neue Denken, das Laszlo in diesem Buch beschreibt, gibt uns viel von unserer Gestaltungskraft zurück. Der Autor zeigt die Grundzüge einer entschieden neu orientierten Wirtschaft, Wissenschaft, Kultur und Politik.

Die 7 Lebens-Fragen

Anleitung zur Führung des Unternehmens „Ich“

Gion Chresta

Paperback, 224 Seiten, 12 Grafiken – ISBN 3-936486-79-4

Mangel an positiver Führung kann man nicht nur in Wirtschaft und Politik sehen, sondern auch in der Schwierigkeit vieler Menschen, sich selbst zu führen. Sie tun sich schwer mit den widerstreitenden Kräften in der eigenen Persönlichkeit, denn sie haben ihr inneres Potenzial noch zu wenig entwickelt, ihre Ausrichtung noch nicht wirklich erkannt, ihre Ganzheit noch nicht gefunden. Die 7 Lebens-Fragen, auf denen dieses Buch aufgebaut ist, bilden das grundlegende Werkzeug-Set zum Erlernen von Selbstführung. Sie fokussieren auf das Wesentliche im Leben jedes Menschen: Was will ich wirklich? Wozu bin ich hier? Was erfüllt mich zutiefst mit Freude? u.a.m. Ihre Handhabung wird klar und verständlich erläutert und mit vielen konkreten Übungsvorschlägen praktisch erfahrbar gemacht. Daraus kann jeder seine persönliche Lebens-Strategie formen. Sie verleiht dem eigenen Lebensweg Tiefe und Sinn und eröffnet ihm zugleich eine Fülle von neuen Handlungsmöglichkeiten im beruflichen und privaten Bereich.